U0105566

中國共產黨

楊德山、趙淑梅 著

與當代中國

作為誕生於中國的馬克思主義政黨，中國共產黨自一九二一年建立以來，迄今已經走過了九十多年的不凡歷程。隨著中國國家實力的迅速增強和國際影響力的與日俱增，中華人民共和國越來越引起國際社會的關注，而執政中國的共產黨自然也成為越來越多的人想要了解的對象。本書希冀承擔起這一任務，採用通俗易懂的語言，較為全面地向讀者介紹當代中國共產黨。

首先，我們將回到當代中國的發展進程之中，梳理總結中國共產黨在不同時期對世情、國情的科學判斷，展現其引領全中國人民向著中華民族偉大復興的方向大步前行的歷史圖景，考察其在推動中國經濟、政治、文化、社會、生態等各方面發展進步中發揮的關鍵性作用。

其次，我們將把視角轉向中國共產黨自身，了解其組織機構，嘗試回答以下問題：作為已擁有八千多萬黨員的世界第一大政黨，中國共產黨是如何吸收黨員、選拔幹部的？中國共產黨的組織系統分為幾個層級，每個層級之間的關係如何？中國共產黨依靠何種組織原則運行？和其他政黨組織相比，中國共產黨的組織有哪些特點？等等。

再次，我們將把中國共產黨放到其執政的具體環境之中，考察它與國

內政治社會各要素之間的互動狀況，了解其如何領導立法機構、政府、愛國統一戰線、社會團體，調動社會各方面的資源為不同時期的執政目標服務；同時，介紹中國共產黨執政理念的核心所在及其執政方式的不斷科學化。

最後，中國共產黨不是一個一成不變、僵化固守的政黨，它從成立之日起特別是成為執政黨之後，始終重視加強自身建設，以不斷適應國內外新形勢對其提出的新要求。而這也正是中國共產黨可以長期執政並取得卓越執政績效的重要原因。我們將向讀者介紹中國共產黨自身建設的主要內容、核心措施、取得的成效以及未來發展的方向。

目錄

第一章

中國共產黨與當代中國

回顧一八四〇年以來中國近代政治發展的歷程,來自不同階級、階層的先進人士都曾努力探索能夠使中國獨立、富強起來的救國之路,但由於各種原因均告失敗。直至中國無產階級及中國共產黨登上歷史舞台,中國的氣象才開始煥然一新。一九四九年,中國共產黨取代中國國民黨成為執政黨。自此,中國共產黨長期執政中國成為具有中國特色的政治制度的重要內容和體現之一;當代中國經濟的發展、政治的進步、文化的昌明、社會的繁榮、生態的改造,一切成就無不和中國共產黨密切相關。

科學判斷世情國情，努力推動民族復興

　　毛澤東在一九四九年召開的中國人民政治協商會議第一屆全體會議的開幕詞中曾飽含深情地說：「諸位代表先生們，我們有一個共同的感覺，這就是我們的工作將寫在人類的歷史上，它將表明：占人類總數四分之一的中國人從此站立起來了。」在此後的六十多年中，中國共產黨一直致力於領導全國人民實現中華民族的偉大復興，並在不斷變化的國際國內形勢下探索實現這一宏願的有效途徑。

　　針對第二次世界大戰後出現的全球冷戰局面，中國共產黨一方面堅持和平外交政策，在全世界廣交朋友，為推動世界和平和人類進步作出不懈努力；另一方面為捍衛領土主權和國家核心利益，不畏強敵，敢於鬥爭，並贏得了勝利，提高了國際威望。中國人民開始真正獨立地探索民族富強之路。不過，在相當長的時間裡，中國共產黨的一些領導人判斷第三次世界大戰遲早會發生，而且根據前兩次世界大戰的經驗，戰後必將促進社會主義在全世界範圍內獲得新的發展，因而投入大量人力和物力應對可能到來的戰爭威脅，很大程度上制約了國家的發展和民族的復興。

　　二十世紀七〇年代後期，隨著世界形勢的變化，尤其是中美、中日關係的根本性調整，中國共產黨逐步改變了過去的觀點，認為應當努力延緩世界大戰的爆發，以爭取時間發展國內經濟。隨後，中國共產黨又作出了「和平與發展是當代世界的兩大主題」的重要判斷。一九八五年三月，鄧小平在與外賓談話時用簡明扼要的話語表達了中國共產黨和中國政府對世界形勢的新認識：「雖然戰爭的危險還存在，但是制約戰爭的力量有了可

▲ 一九四九年九月二十一日，毛澤東在中國人民政治協商會議第一屆全體會議上致開幕辭。

▲ 一九七四年四月，鄧小平率中國代表團出席聯合國大會第六次特別會議，在會上闡述了
中國對外關係的原則。

喜的發展」,「現在世界上真正大的問題,帶全球性的戰略問題,一個是和平問題,一個是經濟問題或者說發展問題。和平問題是東西問題,發展問題是南北問題。概括起來,就是東西南北四個字。南北問題是核心問題。」冷戰結束後,中國共產黨依然堅持八〇年代鄧小平對世界局勢判斷所下的結論。一九九七年九月,江澤民在中共十五大報告中強調:「當前國際形勢總體上繼續趨向緩和。和平與發展是當今時代的主題。」到了二十一世紀,中國共產黨仍然堅持這一主張,二〇一二年十一月,胡錦濤在中共十八大報告中再次指出:「當今世界正在發生深刻複雜變化,和平與發展仍然是時代主題。」當然,三十多年中,中國共產黨並沒有放棄對危害世界和平安寧的各種力量的防範,而且相信中國越是興盛和強大,世界就越能和平和安寧。這種對世界局勢的判斷或者說對世情的認識,為新時期民族復興新道路的開闢和步驟的確定提供了基礎和依據。

在科學判斷國際形勢的同時,中國共產黨對於實現民族復興的基本國情的認識也不斷深化,其核心思想就體現在「社會主義初級階段」理論之中。一九八七年,中共十三大政治報告明確提出「我國正處於社會主義初級階段」,其基本含義是:「第一,我國社會已經是社會主義社會。我們必須堅持而不能離開社會主義。第二,我國的社會主義社會還處在初級階段。我們必須從這個實際出發,而不能超越這個階段。」其發展階段是:「我國從五十年代生產資料私有制的社會主義改造基本完成,到社會主義現代化的基本實現,至少需要上百年時間,都屬於社會主義初級階段。」其發展趨勢是:逐步擺脫貧窮、擺脫落後;由農業人口占多數的手工勞動為基礎的農業國,逐步變為非農業人口占多數的現代化工業國;由自然經濟半自然經濟占很大比重,變為商品經濟高度發達;通過改革和探索,建

▲ 一九八七年十月二十五日至十一月一日，中共十三大在北京召開。大會批准《沿著有中國特色的社會主義道路前進》的報告，根據鄧小平的思想系統地闡述了關於社會主義初級階段的理論。圖為十三大會場。

立和發展充滿活力的社會主義經濟、政治、文化體制；全民奮起，艱苦創業，實現中華民族偉大復興。中國共產黨在社會主義初級階段的基本路線是：「領導和團結全國各族人民，以經濟建設為中心，堅持四項基本原則，堅持改革開放，自力更生，艱苦創業，為把我國建設成為富強、民主、文明的社會主義現代化國家而奮鬥。」自此之後，中國共產黨的歷次全國代表大會報告都會對初級階段的基本特徵作出概括總結，以確定黨和國家未來五年或十年的發展目標。可以說，「社會主義初級階段」理論的提出，不但豐富和完善了科學社會主義理論，更解放了中國人民的思想，

使人們能夠更加腳踏實地地奮鬥、拚搏。

在過去的三十多年裡，中國經濟保持快速增長，是世界經濟同期年均增長率百分之三的三倍多，即使在二〇〇九年國際金融危機衝擊下仍保持百分之八點七的增長。目前中國經濟總量已占世界的百分之六而居於第二位，國際地位空前提高。這讓中國共產黨更加堅定領導人民實現民族復興的信心。二〇一二年十一月二十九日，習近平總書記在北京參觀《復興之路》展覽時發表講話：現在，大家都在討論中國夢，我以為，實現中華民族偉大復興，就是中華民族近代以來最偉大的夢想。二〇一三年三月十七日，在十二屆全國人大一次會議閉幕會上，習近平又對「中國夢」進行深

▲ 二〇〇九年九月二十五日，作為國家博物館的基本陳列，《復興之路》大型主題展覽在北京隆重開幕。圖為觀眾在觀看中國共產黨第一次全國代表大會的與會代表像。

入闡述，他說：「實現中華民族偉大復興的中國夢，就是要實現國家富強、民族振興、人民幸福，既深深體現了今天中國人的理想，也深深反映了我們先人們不懈追求進步的光榮傳統。」目前，當代中國正在中國共產黨的帶領下朝著中華民族偉大復興的目標一步步邁進。

領導現代化建設，提升人民生活水平

在推動中華民族偉大復興的征程中，中國共產黨始終將提高人民生活水平作為核心目標。中華人民共和國成立之後，中國共產黨把儘快恢復國民經濟作為中心任務，僅僅用了三年時間，就取得了農民戶均實際收入比一九四九年增長百分之三十以上、城市職工工資比一九四九年提高百分之七十的成效，建立了新民主主義的經濟秩序，並於一九五三年啟動第一個五年計劃，引領國家朝著工業化的目標大步邁進。

一九五六年社會主義主義基本經濟制度確立後，中國共產黨開始在新的制度體系下探索國家現代化之路。一九五九年末至一九六〇年初，毛澤東在讀蘇聯《政治經濟學教科書》筆記中指出：「建設社會主義，原來要求是工業現代化，農業現代化，科學文化現代化，現在要加上國防現代化。」這是後來流傳了許多年的「實現社會主義四個現代化」口號首次全

▲ 國務院副總理、國家計劃委員會主任李富春在一屆全國人大二次會議上作關於發展國民經濟的第一個五年計劃的報告。

面、完整地提出。一九六四年十二月，在第三屆全國人民代表大會第一次會議上，周恩來根據毛澤東建議，在《政府工作報告》中首次提出，在二十世紀內，把中國建設成為一個具有現代農業、現代工業、現代國防和現代科學技術的社會主義強國，實現四個現代化目標的「兩步走」設想：第一步，用十五年時間，建立一個獨立的、比較完整的工業體系和國民經濟體系，使中國工業大體接近世界先進水平；第二步，力爭在二十世紀末，使中國工業走在世界前列，全面實現農業、工業、國防和科學技術的現代化。

可是，在這個目標提出一年半後，中國發生了「文化大革命」運動，徹底打亂了當初的計劃。但以周恩來、鄧小平為代表的一大批黨內老幹部對實現「四個現代化」的目標始終沒有放棄。在一九七五年一月召開的四屆人大一次會議上，周恩來雖身患絕症，仍然抱病在《政府工作報告》中重申「四個現代化」目標，並對今後工作作出部署：我們要在一九七五年完成和超額完成第四個五年計劃，這樣就可以為在一九八〇年以前實現上述的第一步設想打下更牢固的基礎。從國內國際的形勢看，今後的十年，是實現上述兩步設想的關鍵的十年。在其後鄧小平主持黨中央和國務院日常工作期間，為了實現「四化」目標，他不顧惡劣環境，提出「促進安定團結」，「把國民經濟搞上去」的工作目標，大刀闊斧推進全面改革，使一九七五年的中國經濟有了長足的進步，當年工農業總產值達到四五〇四億元，比上年增長近百分之十點七。

一九七八年中共十一屆三中全會使當代中國的進步發展逐步、完整地回到了現代化建設和中華民族復興的正確軌道上。一九八一年六月，中共十一屆六中全會通過的《歷史決議》指出：「社會主義經濟建設必須從我

▲ 一九七八年十二月十三日，鄧小平在中央工作會議前擬定的講話提綱手稿。鄧小平在此次會上所作《解放思想，實事求是，團結一致向前看》的講話，實際上成為隨即召開的中共十一屆三中全會的主題報告。

國國情出發，量力而行，積極奮鬥，有步驟分階段地實現現代化的目標。」一九八四年四月，鄧小平在會見英國外交大臣傑弗里・豪時，第一次對「小康」之後的發展目標作了設想，「我們的第一個目標就是到本世紀末達到小康水平，第二個目標就是要在三十年至五十年內達到或接近發達國家的水平。」一九八七年四月，鄧小平在會見西班牙副首相阿方索・格拉時，第一次提出來了「三步走」發展時間表：我們的目標是，「第一步在八〇年代翻一番。以一九八〇年為基數，當時國民生產總值人均只有二百五十美元，翻一番，達到五百美元。第二步是到本世紀（20 世紀）末，再翻一番，人均達到一千美元。實現這個目標意味著我們進入小康社會，把貧困的中國變成小康的中國。那時國民生產總值超過一萬億美元；雖然人均數還很低，但是國家的力量有很大增加。我們制定的目標更重要的還是第三步，在下世紀（21 世紀）用三十年到五十年再翻兩番，大體上達到人均四千美元。做到這一步，中國就達到中等發達的水平。」

在中國共產黨的領導下，經過全國人民的共同努力，首先在一九八七

中國發展的「三步走」戰略	
第一步	1981-1990 年，生產總值翻一番，解決人民的溫飽問題
第二步	1991 年至 20 世紀末，再翻一番，人民生活達到小康水平
第三步	21 世紀中葉，人均國民生產總值達到中等發達國家水平，基本實現現代化

▲ 作為中國高科技產業的前沿陣地，北京中關村在中共十六大以來發生了翻天覆地的變化。

年提前三年實現了第一步翻一番的目標。一九九五年，提前五年實現了國
民生產總值翻兩番的目標。一九九七年，又提前實現了人均國民生產總值
翻兩番的目標。到二〇〇〇年，「三步走」戰略第一、第二步的目標勝利
實現，人民的生活總體上達到了小康水平。二十一世紀來臨前召開的中共
十五大滿懷信心地勾勒出了「新三步走」戰略目標：第一個十年實現國民
生產總值比二〇〇〇年翻一番，使人民的小康生活更加寬裕，形成比較完
善的社會主義市場經濟體制；再經過十年的努力，到建黨一百年時，使國
民經濟更加發展，各項制度更加完善；到二十一世紀中葉建國一百年時，
基本實現現代化，建成富強民主文明的社會主義國家。二〇〇二年十一

月，中共十六大又提出了二十一世紀頭二十年的奮鬥目標：集中力量，全面建設惠及十幾億人口的更高水平的小康社會，使經濟更加發展、民主更加健全、科教更加進步、文化更加繁榮、社會更加和諧、人民生活更加殷實。這是實現現代化建設第三步戰略目標必經的承上啟下的發展階段，也是完善社會主義市場經濟體制和擴大對外開放的關鍵階段。經過這個階段的建設，再繼續奮鬥幾十年，到本世紀中葉基本實現現代化，把中國建成富強民主文明的社會主義國家。

十六大之後，中國共產黨以更大的熱情投入到社會主義現代化建設事業之中，積極推動人民生活實現跨越式發展。截至二〇一二年，中國城鄉居民人均可支配收入分別從一九四九年的不足百元和不足五十元，提高到二萬四千五百多元和七千九百多元；城鎮和農村居民食品消費支出占消費總支出的比重分別為 36.2％和 39.3％，比一九七八年改革開放啟動時分別降低了二十一個百分點和二十八個百分點，人民生活發生了根本性的改變。

二〇一二年十一月召開的中共十八大和同年底召開的中央經濟工作會議都把「加強民生保障，提高人民生活水平」作為中國共產黨的重要工作。可以看出，未來的一段時間內，中國共產黨將致力於進一步改善人民的生活水平，努力讓全中國人民共享改革開放和社會主義現代化的成果。

促進政治文明，保證人民當家作主

實現人民民主是中國共產黨始終不渝的奮鬥目標。一九四九年，人民民主專政國家的成立，標誌著中國廣大人民群眾的政治地位發生了根本變化。在中國共產黨的領導下，他們開始成為國家的主人，第一次獲得了共同管理國家事務的政治權利。此後，中國共產黨為提高國家的政治文明程度而不斷努力，目的就是要切實保證人民能夠當家作主。

首先，中國共產黨將人民代表大會制確立為國家的根本政治制度，從制度上保證廣大人民民主權利的實現。一九五四年通過的新中國第一部憲

◀ 一九四九年六月三十日，毛澤東為中國共產黨成立二十八週年發表《論人民民主專政》一文。

法，第一次把廣大人民的平等權、選舉權與被選舉權等基本政治權利和言論、出版、集會、結社、遊行、示威等政治自由載入憲法。進入新時期後，中國共產黨著力完善人民代表大會制度，充分發揮人大及其常委會的國家權力機關作用，依法行使立法、監督、決定、任免等職權，進一步發揮人民代表大會制度的優越性。二十世紀九〇年代依法治國理念確立後，中國共產黨更加注重發揮法治在國家治理和社會管理中的重要作用，維護國家法制統一、尊嚴、權威，完善中國特色社會主義法律體系，推進科學立法、民主立法，拓展人民有序參與立法途徑；強化對權力運行的制約和監督，督促和支持各級人民代表大會依照法定權限和程序行使權力。

其次，中國共產黨始終堅持和完善多黨合作和政治協商制度，拓寬了人民民主的實現途徑。在發展社會主義民主政治的實踐中，中國共產黨探

▲ 中國民族區域自治取得的成就

索出了實現人民當家作主的兩種重要形式：一種是人民通過選舉、投票行使權利，即選舉民主，體現為人民代表大會制度；另一種是人民內部各方面在重大決策之前進行充分協商，即協商民主，體現為中國共產黨領導的多黨合作和政治協商制度。中國共產黨領導的多黨合作和政治協商制度與人民代表大會制度相輔相成，使各民主黨派、無黨派人士廣泛參加國家和社會事務的管理，在參政議政、政治協商、民主監督、維護穩定等方面發揮了重要作用，把人民內部不同階層、不同社會群體的政治訴求納入政治體系之內，使之得到充分表達，從而最大限度地調動了一切積極力量，保障了人民民主的實現。

再次，為了保證中國各民族平等、團結、互助和共同繁榮發展，中國共產黨探索形成了在民族問題上實行統一的多民族國家中的民族區域自治制度。新中國成立之初，百廢待興，民族工作也被擺上黨和國家的重要議事日程。在堅持民族平等、團結和各民族共同繁榮的基本政策基礎上，中國共產黨在少數民族地區進行民主改革，建立了社會主義制度，把各少數民族從舊制度中解放出來。與此同時，中國共產黨充分尊重各少數民族的願望，在少數民族聚集地方實行民族區域自治制度，使少數民族自己管理自治區域的內部事務，保障了各少數民族的平等的政治權利。進入改革開放新時期後，中國共產黨致力於通過法律堅持和維護民族區域自治制度。一九八四年五月，全國人大六屆二次會議通過了《中華人民共和國民族區域自治法》，實現了政策、制度、法律的三位一體。從二〇〇一年根據社會主義市場經濟體制的實際對民族區域自治法進行修改，到二〇〇五年發佈《國務院實施〈中華人民共和國民族區域自治法〉若干規定》，中國已經初步形成了包括憲法、基本法、其他法律、行政法規、部門規章以及地

▲ 二〇〇五年九月一日晚上，拉薩布達拉宮廣場燃起絢麗的焰火，慶祝西藏自治區成立四十週年。

方性法規和政府規章等的民族法規體系。在不斷完善的民族區域自治制度指引下，中國眾多的民族自治地方自主管理本民族、本地區的內部事務，制定自治條例和單行條例，自主安排、管理、發展經濟建設事業，自主發展各項文化社會事業，經濟社會面貌發生了巨大變化。

最後，中國共產黨積極推進基層民主自治建設這一基礎性工程，廣大人民群眾的參與意識、權利意識、自主意識不斷增強。進入改革開放新時期後，中國共產黨將滿足廣大基層群眾的民主要求，調動其積極性作為推動改革開放的根本性動力，逐步建立起了基層群眾自治制度，即城鄉居民群眾以相關法律法規政策為依據，在城鄉基層黨組織領導下，在居住地範圍內，依託基層群眾自治組織，直接行使民主選舉、民主決策、民主管理和民主監督等權利，實行自我管理、自我服務、自我教育、自我監督。具體來說，在農村，實行村民會議或村民代表會議制度，制定村民自治章程或村規民約，建立了民主理財、財務審計、村務管理等制度，探索出了公推直選、兩推一選等基層選舉的有效方式，保證廣大農民的民主權利。在城市，二十世紀八○年代開始實行居民委員會制度；二十一世紀後逐步向社區居民自治制度轉變。目前，由點到面、由大城市向中小城市、由東部地區向西部地區推進，以完善城市居民自治，建設管理有序、服務完善、環境優美、文明祥和社區為目標的城鄉新型社區建設工作正在全國展開，城市居民的民主權利得到了充分保障。在企事業單位，實行職工代表大會制，作為保證職工對企事業單位實行民主管理的基本制度，極大地推動了職工群眾最直接、最廣泛的民主實踐。

二○○七年中共十七大明確提出：「要堅持中國特色社會主義政治發展道路，堅持黨的領導、人民當家作主、依法治國有機統一，堅持和完善

▲ 一九六三年一月，西藏拉薩地區藏族群眾踴躍參加首次基層選舉。

人民代表大會制度、中國共產黨領導的多黨合作和政治協商制度、民族區域自治制度以及基層群眾自治制度，不斷推進社會主義政治制度自我完善和發展。」這是中國共產黨第一次把基層群眾自治制度確立為中國民主政治的基本制度，把堅持和完善基層群眾自治制度作為堅持中國特色社會主義政治發展道路的重要內容。這一探索實際上把國家層面的民主制度與基層範疇的民主制度有機地結合在一起，有利於不同類型和層次的民主制度發揮各自優勢，有利於它們之間的銜接與互動，有利於進一步彰顯社會主義國家人民當家作主的制度本質，使中國的政治制度更好地成為億萬人民群眾參與並惠及億萬人民群眾的制度。

推動文化發展，豐富人民精神世界

　　文化，是一定社會的經濟與政治在觀念形態上的能動反映，對社會進步與發展有重要推動價值。中國共產黨一直重視國家的文化建設，在革命、建設、改革各個歷史時期，結合時代條件、圍繞黨的中心任務提出文

▲ 寧波市鄞州古林鎮張家潭村業餘文藝隊在寧波逸夫劇院演出越劇大戲《五女拜壽》和《狀元與乞丐》，充分展示了新時期農民的新風貌，體現了文化創新的新模式。

化綱領、文化目標、文化政策，改善城鄉居民文化生活，豐富人民精神世界，逐步推動中國特色社會主義文化建設進入大發展大繁榮的時代。

在文學藝術發展方面，中國共產黨鼓勵廣大知識分子進行文化創新。新中國成立之初，中國共產黨就提出了「百花齊放、百家爭鳴」的文化方針，鼓勵內容與形式的創新，鼓勵各種藝術流派的自由發展。期間，雖然經歷了許多的曲折，但是在探索中國特色社會主義文化發展道路上，取得了許多的成果，推出了一大批思想性、藝術性、觀賞性俱佳，群眾喜聞樂見的精品力作。進入改革開放新時期後，不僅以京劇、崑曲等為代表的各種傳統的戲曲、曲藝、民族音樂等中國獨有的藝術形式得到了極大地發展，交響樂、芭蕾舞、歌劇、話劇等外來藝術也都在中國紮根生長並已經形成了中國風格、中國流派。

在公共文化服務體系建設方面，中國共產黨領導制定了以農村鄉村和城市社區為重點，構建一個結構合理、發展均衡、網絡健全、運行有效、惠及全民、覆蓋城鄉的公共文化服務體系的目標。新中國剛成立之初，公共文化服務設施極其薄弱。經過六十年的建設，特別是進入改革開放新時期後，隨著國家對公共文化事業的投入不斷加大，各級文化設施建設不斷推進，目前，中國已經初步建立了以國家、省、市、縣、鄉、村六級覆蓋城鄉的公共文化服務網絡，同時實施了一大批惠民的文化工程，進一步提高了提供公共服務的能力。據統計，「十一五」期間（2006-2010），全國文化事業費（不含基本建設投資，不含文化管理部門行政運行經費）總計達 1220.41 億元，是「十五」時期（2001-2005）的 2.46 倍；全國文化事業費年均增長 19.3％，是改革開放以來增長速度最快的一個時期。「十二五」規劃（2011-2015）更是將文化建設作為提高國家軟實力的重要途

▲ 浙江杭州，一位候車乘客在公交車站設立的「漂流書亭」前看書。

徑，中國的公共文化服務體系將得到進一步完善。

在文化產業化方面，中國共產黨使中國的文化市場和文化產業實現了從無到有、繁榮發展的巨變。在改革開放啟動之後，中國共產黨不斷創新文化理論，積極推進文化體制改革。在文化改革的大潮中，文化市場體系建設大力推進，文化產業欣欣向榮。目前中國基本上形成了由娛樂市場、演出市場、音像市場、電影市場、網絡文化市場、藝術品市場等組成的統一、開放、競爭有序的文化市場體系；建立了以綜合行政執法、社會監督、行業自律、技術監控為主要內容的文化市場監管體系。與此同時，文化市場的管理法規不斷完善，市場運行日益規範化。近幾年來，文化產業發展迅速，對國民經濟增長的貢獻不斷上升，一個以公有制為主體、多種所有制共同發展的文化產業格局正在逐步形成。

在文化遺產的保護和開發方面，中國共產黨取得了令人滿意的成績。新中國成立後，中國共產黨領導下的中國政府十分重視文物保護，先後公佈了六批全國重點文物保護單位，共計二三五一處。二〇〇八年中國又開始了第三次全國文物普查，共調查和登記了不可移動的文物四十多萬處。中國的非物質文化遺產保護事業雖然起步較晚，但是發展非常迅速，現在已經步入世界先進行列。以《文物保護法》和《文物認定管理暫行辦法》等法律規章為基礎，文化遺產的保護體系日臻完善，在世界文化遺產申報和保護方面，中國現在也已位居世界前列。

在文化交流方面，中國共產黨大力推動對外文化交流和對港澳臺地區的文化交流，增強中國文化的海外影響力。經過新中國成立以來六十多年的努力，目前中國已經和世界上一百六十多個國家和地區建立了良好的文化交流關係，形成了全方位、多層次、寬領域、多渠道的對外文化交流新

▲ 河南省許昌市第
二屆非物質文化
遺產展演活動現
場，一名藥工在
表演中藥切片技
藝。

格局。同時，中國在海外也建立了一批文化陣地，在駐八十二個國家的九十六個使領館中設立了文化處或者文化組。全球孔子學院的廣泛設立和漢語熱的興起，也意味著中國文化國際影響力的不斷增強。

在上述理論和實踐探索的基礎上，二〇一一年中國共產黨第十七屆六中全會通過了《中共中央關於深化文化體制改革推動社會主義文化大發展大繁榮若干重大問題的決定》，提出了建設社會主義文化強國的宏偉目

▲ 江蘇大學的武術老師指導奧地利留學生打「太極拳」。

標，要求到二〇二〇年實現文化改革發展的奮鬥目標，即社會主義核心價值體系建設深入推進，良好思想道德風尚進一步弘揚，公民素質明顯提高；適應人民需要的文化產品更加豐富，精品力作不斷湧現；文化事業全面繁榮，覆蓋全社會的公共文化服務體系基本建立，努力實現基本公共文化服務均等化；文化產業成為國民經濟支柱性產業，整體實力和國際競爭力顯著增強，公有制為主體、多種所有制共同發展的文化產業格局全面形成；文化管理體制和文化產品生產經營機制充滿活力、富有效率，以民族文化為主體、吸收外來有益文化、推動中華文化走向世界的文化開放格局進一步完善；高素質文化人才隊伍發展壯大，文化繁榮發展的人才保障更加有力。未來，中國共產黨將領導全國人民為實現這些目標共同努力，不斷增強國家的軟實力。

改進社會管理，構建和諧社會

社會管理是人類社會必不可少的一項管理活動。對於中國這樣一個經濟社會快速發展的人口大國來說，社會管理的任務異常艱巨而繁重。新中國成立以來，中國共產黨始終高度重視社會管理，為形成和發展適應中國國情的社會管理制度進行了長期探索和實踐，取得了重大成績，積累了寶貴經驗。進入改革開放新時期後，中國共產黨根據國內外形勢發展變化，不斷就加強和改進社會管理制定方針政策、作出工作部署，著力從理念上提升社會管理水平，從傳統的「整治命令」思維轉向「寓管理於服務之

▲ 上海淮海公園廣場，公益組織舉辦了一場特殊人群藝術展，希望通過藝術培養和系列活動幫助腦部殘障人士實現自我價值和融入社會。

中」；從政府「包打天下」，轉向注重運用社會力量、形成社會合力；從習慣「滅火」，轉向突出源頭治理；從青睞硬性行政手段，轉向重視運用經濟、行政、道德、科技等手段綜合管理。

經過長期探索和實踐，目前中國已經建立了社會管理工作領導體系，構建了社會管理組織網絡，制定了社會管理基本法律法規，初步形成了黨委領導、政府負責、社會協同、公眾參與的社會管理格局，湧現了城鎮基本公共服務覆蓋流動人口、對特殊人群實行特殊關愛、培育綜合性社會組織、構建大調解工作體系、網格化管理、信息化平臺等一大批具有時代性和實效性的創新經驗、成果，有力地維護了社會大局的和諧穩定。

在不斷完善社會管理機制的同時，中國共產黨高度重視以民生為重點的社會建設，著力解決好人民最關心最直接最現實的利益問題。改革開放

▲ 一九五六年湖南省株洲市人民委員會頒發給掃除文盲有功人員的獎狀

前，中國共產黨在經濟條件有限的條件下著力進行社會建設。為提高廣大人民群眾的文化水平，中國共產黨領導改革舊的教育制度和教育內容，堅持「教育為國家建設服務，學校向工農開門」的辦學方針，通過中小學教育與多種類型的文化補習班，廣泛開展掃盲運動。廣大人民群眾第一次獲得了平等的接受教育的權利，文化水平得到提高。計劃經濟體制下，國家通過統包統配的就業方式解決了大多數人的就業問題，在一定程度上維護了社會的穩定；同時，在國有企業中建立了勞動保險制度，在事業單位中建立了社會保險制度，在農村建立了合作醫療制度。儘管當時的社會保障水平不高、城鄉發展不平衡，卻維護了社會穩定，激發了廣大人民群眾投身於社會主義建設的積極性。

改革開放特別是中共十六大以來，在經濟快速穩定發展的基礎上，中國共產黨把改善民生列為工作的重要內容。一是積極推進教育事業發展。經過三十多年的努力，基礎教育快速發展，全國掃除文盲人數超過一億人，國民素質得到較大提高；高等教育蓬勃發展，大學生在總人口中的比例不斷激增，位居世界前列。二是積極探索建立與社會主義市場經濟體制相適應的社會保障制度。經過不斷改革，城市基本上形成了較為完善的社會保障體系；最低生活保障制度在農村普遍實行；社會保障的覆蓋面不斷擴大，困難群眾的基本生活得到保障，社會福利條件不斷改善。單位制解體後，中國政府實施了積極的就業政策和再就業工程，不斷加強就業再就業工作。二○○二至二○一二年，全國共實現城鎮新增就業一億多人；失業率逐年下降，下崗工人、農民工等群體的就業工作得到改善。與此同時，中國政府不斷深化醫療衛生體制改革，到二○一○年六月底，城鎮職工和居民參保人數達四點一億，加上新農合八點三億人，中國的基本醫療

▲ 河南開封小北崗社區，鼎元麵點職業技能培訓中心的師傅為下崗失業和無業人員開辦麵點製作培訓班。

保險制度已覆蓋超過十二億人口，提前實現了「十一五」規劃（2006-
2010）目標，解決了老百姓看病難、看病貴的問題。國家還不斷加強對
醫療衛生事業的支持力度，醫療衛生條件不斷改善，衛生資源大幅增長，
覆蓋城鄉的公共衛生體系基本建立，二〇〇八年全國擁有的衛生機構已經
從建國初期的三六七〇個增長到二十七點八萬個，全國人口的平均壽命也
由新中國成立之初的三十五歲增加到七十三歲。

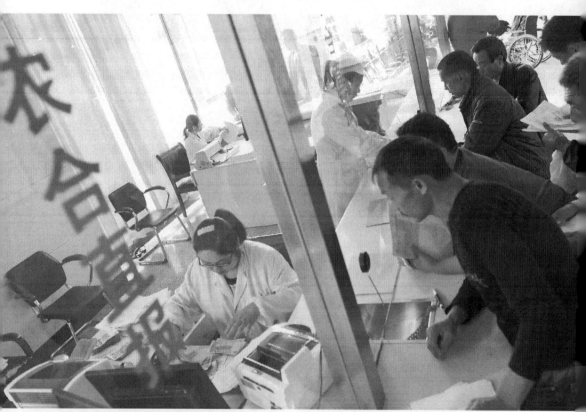

▲ 安徽省阜陽市人民醫院，農民在新型農村合作醫療（新農合）窗口辦理報銷手續。

在實踐不斷走向深入的同時，中國共產黨關於社會建設的理念也與時俱進。二〇〇二年，中共十六大在闡述全面建設小康社會的宏偉目標時強調，建設更高水平的小康社會，就是要使經濟更加發展、民主更加健全、科教更加進步、文化更加繁榮、社會更加和諧、人民生活更加殷實。這是黨的代表大會第一次把社會更加和諧作為奮鬥目標之一明確提出來，表明中國共產黨將社會建設與社會發展提到一個新的高度予以重視。二〇〇四年九月，中共十六屆四中全會通過的《中共中央關於加強黨的執政能力建設的決定》明確提出了「構建社會主義和諧社會」的概念，將其正式列為中國共產黨全面提高執政能力的五大能力之一。二〇〇六年十月，中共十六屆六中全會審議通過《中共中央關於構建社會主義和諧社會若干重大問題的決定》，系統闡述了到二〇二〇年構建社會主義和諧社會的目標和主要任務：社會主義民主法制更加完善，依法治國基本方略得到全面落實，人民的權益得到切實尊重和保障；城鄉、區域發展差距擴大的趨勢逐步扭轉，合理有序的收入分配格局基本形成，家庭財產普遍增加，人民過上更加富足的生活；社會就業比較充分，覆蓋城鄉居民的社會保障體系基本建立；基本公共服務體系更加完備，政府管理和服務水平有較大提高；全民族的思想道德素質、科學文化素質和健康素質明顯提高，良好道德風尚、和諧人際關係進一步形成；全社會創造活力顯著增強，創新型國家基本建成；社會管理體系更加完善，社會秩序良好；資源利用效率顯著提高，生態環境明顯好轉；實現全面建設惠及十幾億人口的更高水平的小康社會的目標，努力形成全體人民各盡其能、各得其所而又和諧相處的局面。

在此基礎上，二〇一二年中共十八大提出了「學有所教、勞有所得、病有所醫、老有所養、住有所居」的「五個有」目標，致力於讓人民過上

▲ 二〇一三年是浙江出臺「異地高考」政策的第一年，共有九八四名外省籍進城務工人員隨遷子女成為「同省同待遇」的首批受益者。圖為參加「異地高考」的考生考前相互加油鼓勁。

更好的生活。十八大後，一項項惠及民生的好政策相繼出臺。二〇一二年十二月三十日，京穗兩地同日公佈了隨遷子女在流入地的升學考試辦法。異地高考這一承載著近三億流動人口及其家庭的公平教育夢想的重大改革取得突破。目前，全國除西藏外的所有省份均出臺了異地高考方案。儘管實施細節仍有爭論，但大方向確定無疑。二〇一三年以來，黑龍江、甘肅、江蘇、貴州等省份紛紛出臺了各自的收入倍增計劃。不少省份明確，居民收入增長不僅要「跑贏」CPI，還要「跑贏」GDP。廣州把二〇一三年 GDP 增長目標下調至百分之十，城市居民收入增幅則上調至百分之十一。地處西部的甘肅，二〇一三年 GDP 增長目標定為百分之十二，城鎮居民人均可支配收入和農民人均純收入均力求增長百分之十五以上。截至

▲ 山東濰坊，選房者正在等待通過搖號方式選取經濟適用房。

二〇一三年二月，全國已有二十五個省份調整最低工資標準，平均增幅百分之二十點二。同月，醞釀已久、備受關注的收入分配制度改革方案出臺。二〇一二年，中國新開工建設城鎮保障性安居工程住房七百八十一萬套，基本建成城鎮保障性安居工程住房六百零一萬套，遠超預定目標。二〇一三年二月召開的國務院常務會議進一步提出，年底前地級以上城市要把符合條件的外來務工人員納入當地住房保障範圍。

　　由此可見，中國共產黨加強社會建設的決心不僅不會變，還將更加堅定；改革的步伐將進一步加快，改革的措施也將進一步完善。伴隨著社會主義和諧社會的建設步伐，廣大的中國人民將更加安居樂業。

保護自然生態，建設美麗中國

　　人類文明發展的歷史經歷了原始文明、農業文明和工業文明，目前正處於從工業文明向生態文明過渡的階段。生態文明是人類對傳統文明形態特別是工業文明進行深刻反思的成果，是人類文明形態和文明發展理念、道路和模式的重大進步。它以人與自然、人與人、人與社會和諧共生、良性循環、全面發展、持續繁榮為基本宗旨，以建立可持續的經濟發展模式、健康合理的消費模式及和睦和諧的人際關係為主要內涵，倡導人類在遵循人、自然、社會和諧發展這一客觀規律的基礎上追求物質與精神財富的創造和積累。注重人與自然協調發展和生態環境建設，是人類寶貴的思想財富。

　　改革開放以來，特別是進入二十一世紀後，中國在加強經濟建設的同時，十分注重環境治理與生態建設。早在二十世紀九〇年代中期，中共十五大就提出了可持續發展的戰略思想，實際上已涉及生態文明建設。到了一九九九年，時任國務院副總理的溫家寶表示，「二十一世紀將是一個生態文明的世紀」。但由於種種原因，長期以來，很多環保措施沒有得到應有的落實。直到中共十六大以後，中國共產黨開始適時地、逐步地確立了建設社會主義生態文明的新思想，將生態文明從概念層次上升到理論層面，加深了對於中國特色社會主義文明建設的認識。二〇〇三年九月溫家寶在全國林業工作會議上發表講話，明確提出「必須牢牢把握以生態建設為主的指導思想，緊緊圍繞生態建設、生態安全、生態文明的總體要求，按照嚴格保護、積極發展、科學經營、持續利用的原則，實施六大林業重

▲ 上海市崇明縣東灘國家級鳥類自然保護區，曾經以捕鳥為生的金偉國自二〇〇四年成為
保護區的正式員工，如今已成為資深「護鳥人」。

▲ 海南海口演豐東寨港紅樹林自然保護區美景

點工程，大力發展各種形式的社會造林，深入開展全民義務植樹，努力實現林業的跨越式發展」。二〇〇七年，中共十七大報告明確提出了建設生態文明的新要求，並將到二〇二〇年成為生態環境良好的國家作為全面建設小康社會的重要目標之一。這是中國共產黨首次把「生態文明」這一理念寫進黨的行動綱領，對於建設中國特色社會主義事業具有重大影響。二〇一〇年召開的中共十七屆五中全會明確要求「樹立綠色、低碳發展理念」。此後，「綠色發展」被明確寫入「十二五」規劃並獨立成篇，各級政府開始推廣綠色建築、綠色施工，發展綠色經濟，推廣綠色消費模

式，推行政府綠色採購……中國走綠色發展道路的決心和信心不斷堅定。

理念的進步直接推動了實踐的步伐。從十七大到十八大的十年間，從峇里島到哥本哈根、德班，歷屆氣候大會上，中國帶頭許下並切實履行綠色發展的莊嚴承諾；從「十一五」首次設立約束性指標到清理整頓鋼鐵等高耗能行業，從實施京津風沙源治理等系列生態工程到出臺節能減排計劃，從單位國內生產總值能耗下降百分之十二點九到生態補償機制穩步推進，中國正逐漸告別「黑色發展」，走上「前人種樹、後人乘涼」的綠色發展之路。

為了進一步提高國家的生態文明建設水平，二〇一二年中共十八大報告首次單篇論述「生態文明」，強調「建設生態文明，是關係人民福祉、關乎民族未來的長遠大計」，全黨和全國「必須樹立尊重自然、順應自然、保護自然的生態文明理念，把生態文明建設放在突出地位，融入經濟建設、政治建設、文化建設、社會建設各方面和全過程」，為此要「堅持節約資源和保護環境的基本國策，堅持節約優先、保護優先、自然恢復為主的方針，著力推進綠色發展、循環發展、低碳發展，形成節約資源和保護環境的空間格局、產業結構、生產方式、生活方式，從源頭上扭轉生態環境惡化趨勢，為人民創造良好生產生活環境，為全球生態安全作出貢獻」。報告還首次提出了「努力建設美麗中國，實現中華民族永續發展」的新目標，激起了社會各界的共鳴，受到全國民眾的普遍歡迎。

十八大前後，各地陸續提出了生態立省（區）或建設生態省（市）的發展戰略，加大治理大氣污染、污水、垃圾、違法建設等環境問題的投入，積極探索符合本地區的綠色發展、生態文明發展之路。與此同時，建設美麗中國的理想深入到每個中國人的心中，讓天更藍、地更綠、水更

▲ 二〇一四年四月二十六日，海口市舉行「重新發現海南之美」騎行活動。該活動旨在倡導市民綠色出行、文明出行、健康出行、你我同行的生活理念。

淨，已經成為共同的心願和共同的責任。

從「人定勝天」的萬丈豪情到「必須樹立尊重自然、順應自然、保護自然的生態文明理念」，再到可感、可知、可評價的「美麗中國」，可以看出，中國共產黨的執政理念越來越尊重自然，越來越尊重人民感受；中華民族對子孫、對世界負責的精神也將越來越得到各國人民的認同和讚賞。

第二章

黨員

對於任何一個政黨來說，黨員都是維繫其生存與發展的基礎。中國共產黨更是將黨員形象地比作「構成黨的肌體的細胞」。要探究中國共產黨能夠不斷推動中國發展的原因，首先就要去了解這些充滿活力的「細胞」。

黨員群體的規模與結構

一九二一年中國共產黨成立時，只有五十多名黨員。但早期的中共領導人及時提出了符合當時廣大民眾利益的綱領要求，制定了切實可行的革命策略，並且發動全黨做細緻入微的群眾工作，使得黨在群眾中的威望不斷提升，從而獲得了巨大的組織發展。一九四九年新中國建立時，中國共產黨的黨員人數已經發展到 448.8 萬名，約占當時中國總人口的 0.83％。也就是說，在不到三十年的發展歷程中，中國共產黨的黨員數量增長了八萬多倍。這無疑是中國共產黨在民主革命時期能夠團結全國民眾，取得解放戰爭最終勝利的重要因素。

成為執政黨後，中國共產黨在社會各組織、各階層群眾中的吸引力、影響力不斷上升，黨員隊伍的總體數量和在全國人口中所占的比重都顯著提高。到一九七八年中國進入改革開放新時期之際，中國共產黨的黨員人數已增至 3698 萬人，相比一九四九年增長了七倍多，約占全國總人口的 3.84％。

二十世紀八〇年代以來，中國共產黨的黨員隊伍進入到一個穩步發展階段，年增長率基本保持在低於百分之五的狀態。到二〇一二年底，中國共產黨的黨員人數已經達到 8512.7 萬名，超過中國總人口的百分之六，成為日益成熟的世界第一大黨。

在人數穩步增長的同時，進入新時期後，特別是二十一世紀以來，中國共產黨黨員隊伍的結構不斷優化，素質進一步提高，為其執政能力的履行奠定了堅實的基礎。

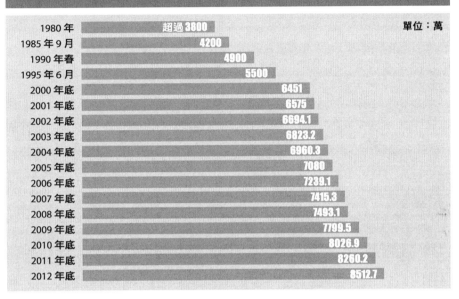

中國共產黨黨員人數

年份	人數（單位：萬）
1980 年	超過 3800
1985 年 9 月	4200
1990 年春	4900
1995 年 6 月	5500
2000 年底	6451
2001 年底	6575
2002 年底	6694.1
2003 年底	6823.2
2004 年底	6960.3
2005 年底	7080
2006 年底	7239.1
2007 年底	7415.3
2008 年底	7493.1
2009 年底	7799.5
2010 年底	8026.9
2011 年底	8260.2
2012 年底	8512.7

　　首先，黨員隊伍中的性別差異和民族差異日漸縮小。一九四九年新中國成立時，女黨員只有五十三萬多名，占黨員總數的比例僅為 11.9％；少數民族黨員不足十二萬，僅占黨員總數的 2.5％。但到二〇〇〇年時，全國女黨員的總數已經達到 1119.9 萬人，占黨員總數的 17.4％；少數民族黨員的人數也超過四百萬，占到黨員總數的 6.2％。二〇一三年的最新數據顯示，二〇一二年底，全國女黨員人數已經超過二千萬，占黨員總數的 23.8％；少數民族黨員人數也接近六百萬，占黨員總數的 6.8％。在人數不斷增加的同時，女黨員和少數民族黨員在黨內發揮的作用也越來越大。二〇一二年，當選中共十八大代表的二二七〇名黨員中，女黨員 521 名，占近四分之一；少數民族黨員 249 名，也超過了十分之一。

▲ 二〇一三年六月三十日，浙江農林大學環境與資源學院組織新發展的大學生黨員進行入
黨宣誓儀式。

其次，黨員隊伍的文化水平和高學歷黨員的比例大幅提升。由於舊中國的教育普及度不夠，一九四九年新中國成立時，中國共產黨黨員隊伍的文化程度普遍較低，文盲 309.7 萬，占 69％；小學程度的 124.1 萬，占 27.65％；初中以上的共計 15 萬人，僅占 3.34％，其中大學專科以上的只有 1.4 萬人，占 0.3％。一九七八年改革開放啟動之時，文盲黨員在全黨黨員人數中的比例已經下降到 11.9％；初中以上文化程度的黨員比例也上升到 41.57％，其中大專以上的 107 萬，占 2.89％。進入新時期後，隨著中國教育水平的普遍提高以及黨員發展方針的調整，黨員隊伍的整體文化水平和高學歷黨員的比例大幅提升。二〇〇〇年底，文盲黨員的比例已經下降到 2.55％，大專以上文化程度的黨員比例上升到 21.1％。而到了二〇一二年底，已經有 40％的黨員具有大專及以上學歷，超過 3400 萬人。

再次，黨員隊伍的職業分佈日趨合理。由於一九四九年前中國的工業化水平較低、產業工人的數量相對較少以及中國共產黨長期在農村根據地發展，新中國成立時農民占了黨員隊伍的絕大多數。中國共產黨執政後，這一狀況有所改變，但從事工業和農業工作的黨員仍占主體地位。一九七八年，黨員總數 3698.1 萬名，工人占 18.73％，農民占 46.94％，軍人占 6.89％，其他占 27.44％。進入改革開放新時期後，市場經濟不斷深入發展，社會階層日趨多元化，黨員隊伍的職業構成隨之呈現多樣化的趨勢。二〇一二年時，8512.7 萬名黨員中有工人 725 萬名，農牧漁民 2534.8 萬名，黨政機關工作人員 715.7 萬名，企事業單位(含民辦非企業單位)管理人員、專業技術人員 2019.6 萬名，學生 290.5 萬名，離退休人員 1553.8 萬名，其他職業人員 673.3 萬名。

最後，新社會階層黨員人數迅速增加。進入二十一世紀後，黨員結構

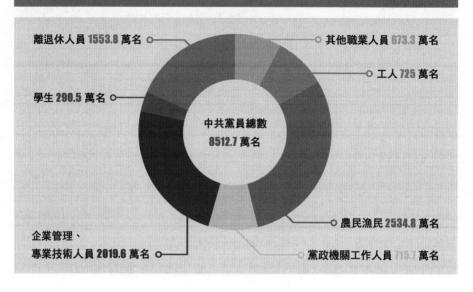

2012 年中國共產黨黨員隊伍職業構成情況

離退休人員 1553.8 萬名

其他職業人員 673.3 萬名

工人 725 萬名

學生 290.5 萬名

中共黨員總數
8512.7 萬名

農民漁民 2534.8 萬名

企業管理、
專業技術人員 2019.6 萬名

黨政機關工作人員 715.7 萬名

的一個重大變化就是新社會階層、特別是非公企業主被允許入黨。二〇〇二年中共十六大修改後的黨章規定，其他社會階層的先進分子可以加入中國共產黨。所謂「其他社會階層」指的是改革開放後中國湧現出的新的社會階層，包括民營科技企業的創業人員和技術人員、受聘於外資企業的管理技術人員、個體戶、私營企業主、中介組織的從業人員、自由職業人員等。在二〇〇二年中共十六大之前，這些人一般是不允許入黨的；十六大之後他們開始成為中國共產黨的發展對象。這一變化是中國共產黨適應新的形勢作出的自身調整，同時也改變了黨員隊伍的原有構成。從二〇〇三年起，中國共產黨開始在改革開放以來出現的新社會階層中進行試點，吸收那些符合條件的先進分子入黨。在試點期間，僅私營企業主就吸收了

226 名。到十八大召開時，全國非公有制經濟組織中黨員人數達到 286.3 萬人，占當年黨員總數的 3.95％。僅二〇一〇年一年，在非公有制經濟組織中就發展黨員 13.1 萬名，占當年發展黨員總數的 4.3％；在社會組織中發展黨員 8.3 萬名，占發展黨員總數的 2.7％；在新的社會階層中發展黨員 1.6 萬名，占發展黨員總數的 0.5％。

▲ 二〇〇九年，在紀念建黨八十八週年之際，北京現代汽車有限公司的新黨員舉行入黨宣誓。

吸收黨員的標準與程序

　　中國共產黨驚人的發展速度可能會讓很多人產生一種誤解，認為成為一名中國共產黨的黨員是件很容易的事情，答案其實是否定的。儘管是八千多萬的龐大隊伍，但每一名黨員都是經過基層組織認真考察、嚴格吸收的。

　　首先，中國共產黨對於黨員的申請資格和各項素質有著嚴格的要求。在許多國家，只要本人願意，即可成為某一政黨的黨員，無需申請。比如美國的民主黨與共和黨，選民把選票投給其中一個政黨的候選人時即成為這一政黨的黨員。但要申請成為中國共產黨的黨員，必須具備四項條件：第一，是年滿十八周歲的中國公民；第二，是工人、農民、軍人、知識分子和其他社會階層的先進分子；第三，要遵守中國共產黨的綱領和章程；第四，要願意參加中國共產黨的一個組織並在其中積極工作、執行黨的決議和按期繳納黨費。

　　除上述四項基本條件之外，要成為中國共產黨的黨員還必須在思想覺悟和日常行為方面體現出不同於普通群眾的先進性。從思想覺悟來說，中國共產黨黨員必須能夠「全心全意為人民服務，不惜犧牲個人一切，為實現共產主義奮鬥終身」；同時，除了法律和政策規定範圍內的個人利益和工作職權之外，不得謀求任何私利和特權。在日常行為上，中國共產黨黨員必須履行八項義務：（一）認真學習馬克思列寧主義、毛澤東思想、鄧小平理論、「三個代表」重要思想和科學發展觀，學習黨的路線、方針、政策和決議，學習黨的基本知識，學習科學、文化、法律和業務知識，努

中國共產黨的入黨誓詞

我志願加入中國共產黨，擁護黨的綱領，遵守黨的章
程，履行黨員義務，執行黨的決定，嚴守黨的紀律，
保守黨的祕密，對黨忠誠，積極工作，為共產主義奮
鬥終身，隨時準備為黨和人民犧牲一切，永不叛黨。

力提高為人民服務的本領。（二）貫徹執行黨的基本路線和各項方針、政策，帶頭參加改革開放和社會主義現代化建設，帶動群眾為經濟發展和社會進步艱苦奮鬥，在生產、工作、學習和社會生活中起先鋒模範作用。（三）堅持黨和人民的利益高於一切，個人利益服從黨和人民的利益，吃苦在前，享受在後，克己奉公，多作貢獻。（四）自覺遵守黨的紀律，模範遵守國家的法律法規，嚴格保守黨和國家的祕密，執行黨的決定，服從組織分配，積極完成黨的任務。（五）維護黨的團結和統一，對黨忠誠老實，言行一致，堅決反對一切派別組織和小集團活動，反對陽奉陰違的兩面派行為和一切陰謀詭計。（六）切實開展批評和自我批評，勇於揭露和糾正工作中的缺點、錯誤，堅決同消極腐敗現象作鬥爭。（七）密切聯繫群眾，向群眾宣傳黨的主張，遇事同群眾商量，及時向黨反映群眾的意見和要求，維護群眾的正當利益。（八）發揚社會主義新風尚，帶頭實踐社會主義榮辱觀，提倡共產主義道德，為了保護國家和人民的利益，在一切困難和危險的時刻挺身而出，英勇鬥爭，不怕犧牲。

其次，中國共產黨發展黨員堅持「個別吸收」的原則。從世界範圍內的政黨來看，黨員招募通常有兩種途徑：一是黨員個人直接加入政黨的一個組織；二是某一社會組織以集體的形式加入政黨。例如在英國，有全國性的、地方性的以及不同行業組成的各種類型的工會，這些工會都可以集體加入英國工黨。一旦某一工會集體加入工黨，該工會的會員也就自動成為工黨的黨員。但在中國共產黨看來，這種集體入黨的形式無法選出各階層中的先進分子，以這種形式吸收進來的黨員對黨的認同感不強。因此，中國共產黨從誕生起就禁止集體入黨這種形式，強調個人直接向黨組織提出入黨申請。

個人直接申請入黨只是「個別吸收」原則的一個方面，中國共產黨針對發展黨員提出的這一原則主要還是強調各支部在吸收黨員時要堅持「成熟一個、發展一個」的方針，不能為了擴大黨員隊伍而降低黨員的標準或是在短時間內搞突擊發展。基於這一原則，對於不同的人，從提交入黨申請到被批准入黨的時間長短就有可能不同。這樣不僅保證了黨員隊伍的整體質量，而且有利於督促那些申請入黨時還與黨員標準有一定差距的人積極改進。許多黨員在成為正式黨員前都曾多次提交入黨申請書，要求基層黨組織對其進行考察。每一個經歷了如此嚴格的考察過程的人，在加入中國共產黨後，都會對黨員身分備加珍惜。

再次，中國共產黨有著嚴密的黨員吸收程序。符合申請條件的人提交入黨申請書後，被確定為入黨積極分子，這是中國共產黨黨員發展過程中的第一個環節。在這一環節中，基層黨支部會給每一個入黨積極分子指定一至兩名正式黨員做其培養聯繫人。聯繫人的職責有兩點：其一，幫助入黨積極分子加深對黨的了解，包括黨的基本理論、基本知識、基本路線以及黨員的義務和權利等；其二，代表黨組織考察入黨積極分子的日常表現以及入黨積極分子能不能主動地向黨組織匯報思想、工作和學習情況，能不能積極參加黨組織安排的活動，能不能努力完成黨組織分配的任務，能不能認真參加黨組織的培訓，自覺接受黨組織的考察等。此外，黨支部每半年會對入黨積極分子進行一次考察，看其入黨動機是否端正以及能否在群眾中起到模範帶頭作用。如果考察合格，進入到下一個環節；反之則黨支部會針對入黨積極分子存在的問題提出整改措施，幫助其進步並繼續對其考察，直到合格為止。這種考察並不侷限於聯繫人提供的反饋信息，還會廣泛聽取黨內外群眾的意見，以求更為全面、客觀地了解、評價入黨積

極分子。

　　中國共產黨黨員發展過程中的第二個環節是從入黨積極分子中確定重點發展對象，但不是從全部入黨積極分子中挑選，而是在那些已經接受為期一年的培養、教育，並且考察合格的入黨積極分子中確定人選。被確定為重點發展對象的入黨積極分子要參加為期五至七天的短期集中培訓，學習《中國共產黨章程》《關於黨內政治生活的若干準則》等文件。為了確

▲ 東北特鋼集團機關黨總支第二黨支部發展新黨員大會上，一名入黨積極分子在宣讀自己的入黨志願書。

保學習質量，許多地方的黨委都會從各地、各級黨校或高校中邀請相關專業的專家、學者進行重點問題的講解，幫助重點發展對象深入理解中國共產黨的理論及其規章制度。培訓結束之後，每一名重點發展對象需要有兩名正式黨員做其入黨介紹人。入黨介紹人一般由提出入黨申請時的培養聯繫人擔任，也可由發展對像自己約請，或由基層組織指定。入黨介紹人的責任比培養聯繫人更大，一方面要向被介紹人解釋中國共產黨的綱領、章程，說明黨員的條件、義務和權利，認真了解被介紹人的入黨動機、政治覺悟、思想品質、本職工作表現、經歷等情況，如實向所在黨組織匯報；另一方面要指導被介紹人填寫《入黨志願書》，並認真填寫自己的意見。隨後，黨支部委員會要對發展對象填寫的《入黨志願書》和有關情況進行嚴格審查，經集體討論認為合格後，再提交黨支部大會討論。這實際上就啟動了中國共產黨發展黨員過程中的第三個環節：審批、發展預備黨員。

在支部召開的接收預備黨員大會上，申請人要匯報對中國共產黨的認識、入黨動機、本人履歷，以及需向黨組織說明的問題。支部委員會要向大會報告對申請人審議的情況。與會黨員要對申請人能否入黨進行充分的討論，並採取舉手或無記名投票的方式進行表決。只有贊成人數超過應到會有表決權的正式黨員的半數，才能通過接收預備黨員的決議。不過，支部會議無權審批預備黨員，要將相關材料上報給上級黨委，由上級黨委指派專人(黨委委員或組織員)對《入黨志願書》和有關材料進行審查，廣泛聽取黨內外群眾的意見，並同申請人進行談話，作進一步的考察。在此基礎上，黨委會經過集體討論、表決決定是否批准申請人成為中國共產黨預備黨員。對於批準入黨的，上級黨委會通知報批的黨支部，黨支部及時通知本人並在黨員大會上宣佈；對未被批準入黨的，上級黨委也會通知黨支

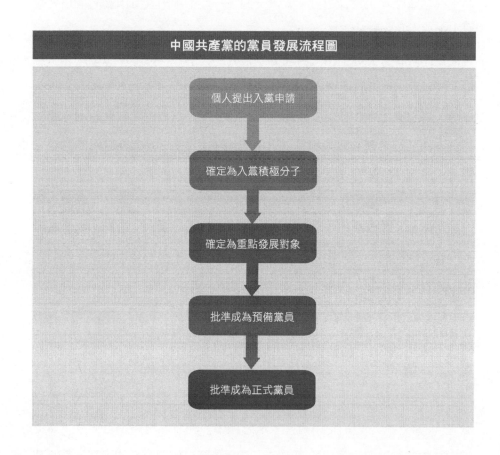

中國共產黨的黨員發展流程圖

個人提出入黨申請

確定為入黨積極分子

確定為重點發展對象

批準成為預備黨員

批準成為正式黨員

部和本人，說明具體原因，鼓勵其進一步努力，儘快提高自身素質。

　　成為預備黨員後，實際上就已經加入了中國共產黨，不僅要在黨旗前宣誓，還會被編入一個黨支部和黨小組，參加黨的組織生活、承擔實際工作，擁有與正式黨員一樣的義務，只是在黨員權利方面不能行使表決權、選舉權和被選舉權。通常情況下，預備黨員的預備期為一年。在這一年裡，黨支部會通過聽取本人匯報、個別談心、集中培訓等方式，教育考察預備黨員，並在預備期滿時召開會議討論其是否可以轉為正式黨員。只有

▲ 二〇一三年二月七日，北京，中國國家羽毛球隊舉行新黨員入黨宣誓儀式。

支部會議討論通過且經上級黨委批準後，預備黨員才能成為正式黨員。這是中國共產黨發展黨員過程中的最後一個環節，也是最後一次把關，凡是不符合黨員條件的預備黨員都會被延長預備期，甚至取消預備資格。

最後，中國共產黨在嚴把「入口」的同時，更注意疏通「出口」。相對於黨員數量抑或黨的規模來說，黨員隊伍的質量高低才是決定一個政黨能否長期存在並蓬勃發展的根本因素。在中國共產黨的認識裡，只有在嚴格發展黨員的同時，及時清除不合格黨員，才能保證黨員隊伍的整體質量；因為即使經過了嚴格的考察、發展程序，也無法保證每一名黨員都能自始至終地按照黨員標準要求自己。如果不及時將那些不履行黨員義務、不符合黨員條件的黨員清除出黨，就會影響黨在人民群眾中的整體型象。

進入改革開放新時期後，為了清除「文革」的不良影響，凝聚全黨力

▲ 二〇〇七年七月十八日，四川成都新都區的一位鄉鎮黨委書記進行述職，以便接受民主評議。

量投入到社會主義現代化建設事業之中，一九八三年十月，中共十二屆二中全會作出了整黨的決定。這次整黨共開除黨員 3.3 萬人，不予登記 9 萬人，緩期登記 1.4 萬人，在改革開放的關鍵時期提升了黨員隊伍的質量。一九八七年中共十三大之後，中共中央開始著力探索規範化地處理不合格黨員的方式，建立了一系列的制度規定。進入二十一世紀後，中國共產黨進一步將保持黨的先進性和純潔性作為自身建設的主線。僅二〇一〇年，全黨的出黨人數就達 3.2 萬名，除少數脫黨、退黨的黨員外，大部分是被開除的。

中國共產黨是如何確定哪些黨員是不合格的呢？主要通過民主評議的方式。所謂「民主評議黨員」，是一九八八年十二月中共中央批轉中央組織部《關於建立民主評議黨員制度的意見》中提出的，要求各地基層組織定期按照黨章規定的黨員條件，通過對黨員的正面教育、自我教育和黨外群眾的評議，以及黨組織的考核，對每個黨員的表現和作用作出客觀的評價。基本內容包括：

（一）是否牢固樹立共產主義遠大理想和中國特色社會主義堅定信念，能夠堅持四項基本原則，自覺貫徹執行黨的基本路線和各項方針、政策，在政治上同黨中央保持一致。

（二）能否站在改革的前列，維護改革的大局，正確處理國家、集體、個人利益之間的關係，做到個人利益服從黨和人民的利益，局部利益服從整體利益，為推動生產力的發展和社會主義精神文明建設作出貢獻。

（三）能否堅決執行黨的決議，嚴守黨紀、政紀、國法，堅決做到令行禁止。

（四）能否堅持黨的宗旨，密切聯繫群眾，關心群眾疾苦，艱苦奮

鬥，廉潔奉公，自覺維護人民群眾的利益。

（五）能否努力學習專業技術，腳踏實地地做好本職工作，努力創一流成績。

經過二十多年的探索與完善，黨員民主評議制度已經在全黨範圍內確立起來。二〇一二年，7428.2 萬名黨員參加了民主評議，占黨員總數的87.3％。但在黨員評議過程中出現的判定標準過粗、可操作性不強等問題，給不合格黨員的處理工作造成了困難。為此，二〇一二年開始，廣東、浙江、重慶等省、直轄市陸續試點不合格黨員退出機制，根據時代特點和本地區的實際情況制定具體細則，使清除不合格黨員的工作進一步步入規範化、制度化的軌道。

黨員的教育與管理

　　在將社會的優秀人士吸收入黨之後，下一步要解決的問題就是如何讓
這些人在國家和黨的重要問題上達成共識，進而形成合力，發揮政黨的整

▲ 安徽省霍山縣實施「黨內溫暖工程」，建立了黨員教育培訓制度。圖為霍山縣諸佛庵鎮
　石家河村黨支部書記方業濤現場向農民黨員講授百合種植與病蟲害防治技術。

體作用。為了實現這一目標，中國共產黨十分重視對於黨員的教育和管理。

　　馬克思主義政黨最為重視意識形態的作用，因此十分看重黨內的教育和培訓。中國共產黨在九十多年的發展歷程中，特別是六十多年的執政進程中，摸索出了一套完整的黨員教育培訓機制。從教育培訓的內容來看，主要分為兩類，即思想政治教育和專業技能培訓。開展思想政治教育的目的在於使黨員理解並學會運用馬克思主義的世界觀和方法論，不斷增強對黨的意識形態的認同和忠誠。當前，中國共產黨黨員的思想政治教育以學習貫徹中國特色社會主義理論體系和黨章為重點，涵蓋黨的基本理論、黨的基本知識、黨的歷史、黨的路線方針政策和形勢任務。專業技能培訓旨在提高黨員自我管理的水平以及作為執政黨成員領導經濟、政治、社會和文化等各方面工作的能力。這部分培訓按照黨員所屬職業、所在崗位的不同而有所側重，按需施教，分類施教。比如，對於農民黨員，基層組織會經常組織科學化種田、花卉種植、食用菌栽培、大棚菜栽培等農業技能的培訓，幫助其成為農村致富的帶頭人；而對於從事新聞工作的黨員，基層組織會組織中文寫作、視頻剪輯、攝影攝像、網絡輿情評估等與其工作密切相關的技能培訓，使他們成為本行業中的業務能手……

　　從教育培訓的方式來說，主要有日常性教育和集中培訓兩種。日常性教育主要指將黨員教育融入到黨組織平常的活動之中，例如在每隔一段時間召開一次的支部會議和黨總支會議上，學習相關文件、討論熱點理論問題、講黨課等。集中培訓則指按照一定的階段性目標和專題，抽出相對集中的時間，確定特定的內容，設置專門的課程，進行政治的或技能的培訓。例如，二〇一二年全年中國共產黨集中培訓農村黨組織書記 148.2 萬

▲ 二〇一三年七月九日，安徽濉溪以「中國夢」為主題的黨課在濉河公園開放式黨校舉
行。圖為離退休黨員幹部在認真聽黨課。

▲ 二〇一一年五月二十三日，直選產生的四川省遂寧市駐成都流動黨員黨委班子集體亮相。

人次、新黨員 435.3 萬人次、大學生村官黨員 39.7 萬人次，開展黨員創業、就業技能培訓 1523.3 萬人次。

在計劃經濟時期，日常性教育和集中性培訓在黨員平時的工作生活中占有相當大的比例。進入改革開放新時期後，考慮到社會發展的現實狀況，中國共產黨適當縮減了黨員教育培訓的時間。根據中共中央辦公廳的最新規定，廣大農村、城市社區黨員和各級各類學校學生黨員的教育培訓分別尤其所在地鄉鎮黨委、街道黨（工）委和學校黨組織負責組織實施，新經濟組織和新社會組織黨員的教育培訓尤其上一級黨組織負責組織實施，每年至少進行一次，時間一般不少於十六學時，其中黨組織領導班子成員及新經濟組織和新社會組織黨建工作指導員一般不少於二十四學時。黨政機關、國有企業和事業單位以及金融機構黨員的教育培訓，尤其所在單位黨組織負責組織實施，每年至少進行一次，時間一般不少於二十四學時，其中黨組織領導班子成員一般不少於四十學時。

從具體的教育培訓方法來說，相比計劃經濟時期以及改革開放初期，二十一世紀以來中國共產黨不斷適應廣大黨員的新要求，積極探索更加務實管用、靈活多樣的方法和途徑，取得了良好的效果。例如，在堅持傳統黨課形式的同時，旨在做到哪裡有黨員，哪裡就有教育課堂的「流動課堂」已經成為中國共產黨教育培訓黨員的重要載體。各地組織黨校教師、講師團成員、先進典型代表、專家學者、科技人員等，進農村、進社區、進企業、進學校，流動辦學、送教上門，幫助黨員提高認識、豐富知識、增強能力。又如，隨著信息網絡技術的飛速發展，中國共產黨的黨員培訓已經打破了固定地點、固定時間的束縛，以網絡課堂為載體的網上黨校、菜單式選學、學分式管理以及以通訊技術為依託的「紅色」短信、黨建手

機報等普遍推開，極大地增強了黨員教育培訓的靈活性和吸引力。新技術的應用極大地縮小了城鄉黨員教育培訓之間的質量差距，一定程度上解決了培訓資源不均衡的問題。到二〇一〇年底，中國共產黨已經實現了全國農村黨員幹部現代遠程教育鄉村網絡的基本覆蓋。

除了重視教育培訓，發揮意識形態的作用之外，不允許游離組織之外的黨員存在，將每個黨員都納入到黨的管理體系之中，也是中國共產黨的一大特點。但隨著中國改革開放的不斷深入和社會主義市場經濟體制的不斷完善，各類人員在產業之間轉移和地區之間流動日益頻繁，其中有不少是共產黨員。一個新的概念也隨之出現在中國共產黨的黨員管理工作之中，即「流動黨員」。

所謂「流動黨員」，是指由於就業或居住地變化等原因，在較長時間內無法正常參加正式組織關係所在地黨組織生活的黨員。二〇〇五年時，安徽省僅外出打工的農村黨員就有 13.6 萬。二〇〇七年的數據顯示，四川省流動黨員達 23.9 萬人，占全省黨員總數的 16%。流動黨員的大量存在給黨員的管理工作帶來了極大的挑戰，削弱了全黨的組織性和紀律性。

▲ 二〇一一年六月十六日，江西婺源許村鎮黨員義工在為受災村莊小港村清理淤泥。

其中，一些流動黨員長期不參加組織活動，不交納黨費，甚至將組織關係放在自己手裡，成為只有他自己知道的「口袋黨員」。

為了改變這種狀況，使流動黨員離土離鄉不離黨，二〇〇七年二月十三日，中組部設立的全國流動黨員諮詢服務專用電話正式開通，隨後省、市、縣三級黨委組織部也陸續開通本級流動黨員諮詢服務電話。據統計，

在不到半年的時間裡，全國就開通流動黨員諮詢服務電話 8031 部，其中，省、市、縣三級黨委組織部 3249 部，中央及地方有關部門（系統）4782 部，基本形成了覆蓋全國的流動黨員諮詢服務網絡。

二〇〇六年六月，中共中央辦公廳印發了《關於加強和改進流動黨員管理工作的意見》，明確了黨員流出地黨組織和流入地黨組織的各自責任。前者主要負責在黨員外出前進行教育並提出要求，按規定登記並發放《流動黨員活動證》，並及時收集相關信息，如黨員的流動去向、外出時間、地點和聯繫方式，黨員外出後的思想、就業和生活情況，黨員外出期間的表現和參加黨的組織生活情況等。後者對流動黨員管理負有主要責任，具體包括五個方面：（一）認真查驗《流動黨員活動證》，做好外來流動黨員身分確認工作；（二）加強對外來流動黨員的經常性教育和管理，將外來流動黨員編入黨的一個基層組織，組織他們參加黨的組織生活；（三）關心外來流動黨員，為他們的就業、學習和生活提供必要幫助；（四）在《流動黨員活動證》上如實填寫黨員參加組織生活、交納黨費等情況，及時將外來流動黨員的重要情況反饋給流出地黨組織；（五）做好外來流動人員中預備黨員的教育和管理工作。二〇一二年全國建立流動黨員黨組織 1.1 萬個，黨員服務中心（站、點）45.6 萬個。這是中國共產黨適應新形勢下組織變革的又一有效做法。

不過，管理黨員的目的不是為了把黨員都「管起來」，而是為了促使他們發揮先鋒模範作用，帶動廣大群眾共同建設中國特色社會主義。因此，各地的黨組織經常會開展「黨員先鋒崗」、「黨員責任區」、「黨員接待日」等主題實踐活動，讓黨員亮出自己的身分，一方面增強黨員自身的榮譽感和使命感，另一方面使群眾可以監督黨員的行為。按照組織的要

求，黨員還要積極參加政府或社會團體組織的扶貧、支教、保護環境和關心下一代等志願者服務活動，積極參加幫助生活困難群眾的捐贈活動，有幫扶能力的黨員還要與困難群眾結成幫扶對子，切實解決群眾的具體生活困難。

從這一意義上來說，黨員是中國共產黨聯繫普通民眾的紐帶，是黨與社會良性互動的橋樑。只要每一個黨員能夠嚴格要求自己，發揮應有的作用，中國共產黨的執政基礎就會穩固，其所從事的事業就會有源源不斷的動力。

第二章

幹部

在任何一個政黨內部，除了有普通黨員外，還要有一批積極推行政黨理念、組織政黨活動的骨幹分子。對於這些骨幹分子，各國政黨冠之以不同的稱謂，有的叫黨的「積極活動者」，有的叫「積極黨員」，有的叫「黨的中心成員」，有的叫「黨的官員」，還有的叫「職業黨員」，等等。在中國共產黨內，這些人被稱之為「黨的幹部」。

▎選用原則與整體方針

　　既然幹部對於中國共產黨來說如此重要，那麼什麼樣的黨員才能夠成為黨的幹部呢？從一九二一年成立開始，經過數十年的探索，中國共產黨逐步形成了自己選拔任用幹部的獨特標準。從幹部個體來說，中國共產黨要選的是「德才兼備」的人，也就是那些政治上忠誠，同時具備工作能力的人。當然，評判一個黨員政治上是否忠誠的標準在各個歷史時期有所不同。在革命戰爭年代，主要是要相信共產主義一定能夠實現，相信中國共產黨能夠帶領人民實現國家的獨立與富強。當中國共產黨由革命黨轉變為執政黨，特別是步入改革開放新時期後，政治上的忠誠就主要表現為堅持四項基本原則，即在國家性質方面，堅持社會主義道路；在國家體制方面，堅持人民民主專政；在執政黨方面，堅持中國共產黨的領導；在主流意識形態的選擇上，堅持馬列主義、毛澤東思想。進入二十一世紀後，隨著改革開放進程的加快與社會主義市場經濟的深入發展，中國共產黨為了防止領導幹部被種種利益所誘惑，抑或被各種非馬克思主義思潮所動搖，提出了「德才兼備、以德為先」的新原則，將對中國共產黨及其領導的中國特色社會主義事業的忠誠作為選拔幹部首先要考慮的因素。由此可以看出，中國共產黨實際上是在忠誠的人中選拔有能力的人，僅僅對黨忠誠或僅僅具備較強的工作能力都不能成為黨的幹部。

　　除了對幹部的個體素質有著清晰的要求外，中國共產黨對於幹部隊伍的整體發展也有著明確的設想，並用「革命化、年輕化、知識化、專業化」加以概括。在「文化大革命」時期，中國的各項事業曾遭遇挫折，鄧

▲ 二〇一一年三月十五日，安徽省蚌埠市固鎮縣仲興鄉首次通過「公推直選」方式成功進
行了該鄉新一屆黨委班子的換屆選舉。圖為新當選的幹部向支持自己的黨員表示感謝。

▲ 二〇一二年九月八日，北京市二〇一二年公開選拔年輕處級領導幹部筆試在北京聯合大學開考。

小平及之後的中共領導人認為避免國家再次出現大的動盪的關鍵因素之一就是選好「接班人」，核心是要實現幹部隊伍的「四化」方針。之所以提「革命化、知識化、專業化」，是因為在中國共產黨看來，為了適應改革開放的新要求，各級幹部既應是忠於馬克思主義、堅持走社會主義道路、會治黨治國治軍的政治家，又要是有知識、懂業務、勝任本職工作的內行；只有這樣才能保證中國既不走資本主義道路，又能保持經濟、社會持續穩定地發展。之所以將「年輕化」作為幹部隊伍建設的重要目標，是基於歷史經驗的總結和對未來發展的判斷。一方面，在二十世紀八〇年代之前，中國共產黨的幹部實際上存在終身任職的情況，一個人只要走上了領導崗位就會一直擔任該職務到去世為止，幹部隊伍的老齡化十分嚴重。這

在很大程度上影響了改革開放事業的全面展開，制約了中國共產黨領導能力的提升，因此要選拔大量身體健康、精力充沛、掌握新知識的年輕幹部。另一方面，在中國共產黨看來，實現共產主義是一個漫長的過程，需要幾代人、十幾代人甚至幾十代人的艱苦努力，如果選出來的接班人對共產主義的信仰不堅定或領導社會主義事業的能力不足，中國共產黨和中國人民的最終理想就無法實現。那麼如何保證有源源不斷的合格接班人呢？關鍵是要在老幹部退休之前培養出一批批對共產主義有著堅定信仰的高素質年輕幹部。經過三十多年的努力，目前中國共產黨已經順利解決了幹部隊伍的老齡化問題，各級領導班子都是由新老幹部搭配組建。因此，目前「年輕化」的重點不在於幹部整體年齡的年輕化，或是逐級年齡遞減，而是要注重梯隊培養、優化領導班子內部的年齡結構。

在「德才兼備，以德為先」原則和「四化」幹部方針的基礎上，中國共產黨在自己的章程中明確規定了黨的幹部必須具備的六項條件：

（一）具有履行職責所需要的馬克思列寧主義、毛澤東思想、鄧小平理論的水平，認真實踐「三個代表」重要思想，帶頭貫徹落實科學發展觀，努力用馬克思主義的立場、觀點、方法分析和解決實際問題，堅持講學習、講政治、講正氣，經得起各種風浪的考驗。

（二）具有共產主義遠大理想和中國特色社會主義堅定信念，堅決執行黨的基本路線和各項方針、政策，立志改革開放，獻身現代化事業，在社會主義建設中艱苦創業，樹立正確政績觀，做出經得起實踐、人民、歷史檢驗的實績。

（三）堅持解放思想，實事求是，與時俱進，開拓創新，認真調查研究，能夠把黨的方針、政策同本地區、本部門的實際相結合，卓有成效地

開展工作，講實話，辦實事，求實效，反對形式主義。

（四）有強烈的革命事業心和政治責任感，有實踐經驗，有勝任領導工作的組織能力、文化水平和專業知識。

（五）正確行使人民賦予的權力，堅持原則，依法辦事，清正廉潔，勤政為民，以身作則，艱苦樸素，密切聯繫群眾，堅持黨的群眾路線，自覺地接受黨和群眾的批評和監督，加強道德修養，講黨性、重品行、作表率，做到自重、自省、自警、自勵，反對官僚主義，反對任何濫用職權、謀求私利的不正之風。

（六）堅持和維護黨的民主集中制，有民主作風，有全局觀念，善於團結同志，包括團結同自己有不同意見的同志一道工作。

上述六項條件，是幹部選用原則和整體方針的具體化，為中國共產黨各項幹部工作提供了客觀現實的依據，也從源頭上保證了中國共產黨選出的幹部能夠成為中國特色社會主義事業的踐行主體。

▍嚴格選拔與合理任用

　　在明確了用什麼樣的人和建設一支什麼樣的幹部隊伍之後，中國共產黨要解決的核心問題就是通過什麼樣的途徑從龐大的黨員隊伍中將符合要

▲ 二〇一〇年十二月二十八日上午，陝西鳳縣首次公開選拔科級領導幹部差額票決會議舉行。二十位縣委委員現場投票，決定十二個職位的擬任人選。

求的人挑選出來。事實上，各國政黨都十分重視黨內骨幹的挑選；只是由於各國政黨對於黨內骨幹分子的定義不同，挑選的方式也有所差異。例如，英國的工黨在黨的章程中對黨內骨幹分子進行了明確分類，並規定黨內官員上到領袖、副領袖，下到司庫和審計員都通過黨代表大會選舉產生。與英國的工黨不同，要成為新加坡人民黨的正式幹部黨員，則需對黨作出特殊貢獻，且由一名中央委員推薦，再由中央執委會投票通過。而美國的民主黨與共和黨由於沒有具體登記的固定黨員群體，其政黨積極分子的來源主要依靠那些自願參加的政黨志願者。除了上述三種方式，還有許多其他產生政黨骨幹的途徑，各具優勢，也各有侷限。由於中國的國情與其他國家、特別是西方發達國家不同，中國共產黨的主要活動也不是圍繞議會選舉展開的，加之黨的組織體系與幹部隊伍的規模要遠遠超過其他政黨，因此中國共產黨沒有選擇單純的民主選舉、或是領導個人推薦、抑或吸引志願者等方式，而是在吸收各種方式優點的基礎上，經過大量實踐探索，最終確立了「民主推選」與「上級任命」相結合的幹部選拔模式。在這種模式下，中國共產黨的幹部選拔主要分為四個環節：確定擬任用人選、組織考察、黨委討論決定、提拔任命。

確定擬任用人選的方式主要有兩種：公開招考與民主推薦。

公開招考是選拔人才的一種重要方式，但中國共產黨用這種方式選拔幹部還是二十一世紀以來的事情。目前，普通幹部（即處級以下幹部）一般都通過這種形式選拔。在國家和各地統一組織的公務員考試中，黨群機關招考是重要的組成部分。至於處級及以上的領導幹部，中國共產黨也開始逐步推行公開選拔這種方式。僅二〇〇五至二〇一〇年的五年間，全國各級機關公開選拔幹部近三萬名，其中縣處級以上七千多名；通過競爭上

▲ 二〇一二年八月四日，浙江寧波聯合競爭性選拔幹部面試階段，一位應試者和評委們面對面交流。

▲ 二〇〇四年七月五日，經過兩個多月的運作，湖北襄樊公推公選黨政官員的工作全部結束。圖為參加民主推薦大會的代表投票選舉候選人。

崗走上領導崗位的二十八萬多名，其中縣處級以上四點五萬多名。

但考慮到公開選拔的成本、效率等因素，通常只有在出現以下四種情況時，組織部門才會選擇用集中招考的方式公開選拔處級及以上的領導幹部：一是為了改善領導班子結構，需要集中選拔領導幹部；二是領導職位空缺較多，需要集中選拔領導幹部；三是領導職位出現空缺，本單位無合適人選；四是選拔專業性較強職位和緊缺專業職位的領導幹部。也就是說，通常組織部門不會為某一職位專門組織一次公開選拔。

當確定要進行公開招考後，組織部門首先會通過公告形式說明選拔的職位、範圍、報名條件、時間安排等相關信息。報名人員通過組織推薦或者個人自薦等方式報名，並填寫報名登記表。組織部門按照公佈的報名條件和資格進行資格審查，審查合格者就獲得了參加考試的資格。考試一般分為筆試和面試，前者主要是為了測試應試者對領導幹部應具備的基本理論、基本知識、基本方法和專業知識的掌握程度，特別是運用理論、知識和方法分析解決領導工作中實際問題的能力；後者則主要為了測試應試者在領導能力、個性特徵等方面是否符合選拔職位的要求。組織部門根據筆試和面試成績確定應試者的考試綜合成績，並以此為依據從高到低確定考察人選。只有被確定為考察人選，才能進入選拔的第二階段，即組織考察。將「考試」與「考察」相結合，是中國共產黨選拔幹部的一種探索，既讓更多的人有機會參加到幹部選拔之中、拓寬幹部選拔的範圍，又不單單以考試分數決定，還需要充分考察其平時的能力與表現。

除了公開招考，民主推薦也是確定幹部考察對象的重要方式。具體來說，民主推薦又可以分為會議投票推薦和個別談話推薦兩種形式。通常，無論是領導班子換屆還是個別提拔任命某一領導職務，都會同時採取這兩

種民主推薦形式，綜合分析其結果，互為補充、相互印證。不過，領導職務不同，能夠參加民主推薦的人也有所差異。例如，各級領導班子換屆或是個別提拔某一領導班子成員時，要在上級黨委組織部門的主持下，由黨委成員，人大常委會、政府、政協的黨組成員或者全體領導成員，紀委領導成員，人民法院、人民檢察院、黨委工作部門、政府工作部門、人民團體的主要領導成員，下一級黨委和政府的主要領導成員等參加民主推薦會。而選拔工作部門的領導成員時，只要由本部門的領導成員、內設機構領導成員、直屬單位主要領導成員等參加民主推薦會即可；如果本部門的人數較少，還可以讓部門的全體人員都參加民主推薦會。

為了增強推薦結果的真實性和群眾公認度，一般情況下，參加民主推薦的實際人數至少要達到有資格參加民主推薦人數的三分之二。在推薦會上，組織部門負責人員會公佈推薦職務、任職條件、推薦範圍，提供幹部名冊並提出相關要求，隨後參會人員填寫推薦票。組織部門會分別統計不同職務層次人員的推薦票數，分析每個被推薦人在普通黨員、普通幹部以及領導幹部之中的威信和認可度。然而，在中國共產黨看來，選票只能表達投票者的傾向，不能傳遞出推薦人對被推薦人的全部意見，因此在組織會議投票推薦的同時，組織部門還會與具備推薦資格的人進行個別談話，深入了解他們認為值得推薦的候選人，儘可能掌握詳細而全面的情況。隨後，組織部門會將兩種推薦方式的結果綜合起來，反饋給本級黨委，作為確定考察對象的重要依據。本級黨委常委會也並不單純地以推薦票數的多少定人，會充分考慮所有被推薦人的平時表現，研究決定考察對象的建議名單；在與上級黨委組織部門溝通後，確定最終的考察對象。考察對象的人數通常要比擬任職人數多。

顯然，在差額考察方面，公開招考與民主推薦兩種形式是相同的。其目的都是為了通過對不同考察對象的分析比較，好中選優，遴選出最符合職位要求的人，這充分體現了中國共產黨在幹部選拔方面所持的審慎態度。

　　考察對象確定之後，就進入幹部選拔的第二個環節——組織考察階段。負責幹部管理的組織部門會組成專門的考察組，通常由兩名以上成員組成，且要經過相關培訓。根據考察對象擬擔任的職務級別和崗位要求，考察組會指定具體的考察方案。為了保證幹部選拔的公開與公平，提高幹部考察的準確度，中國共產黨在幹部考察階段推行了考察預告制度，即在考察幹部前在一定範圍內公佈預計考察的職位、考察對象的情況、考察的時間地點以及考察組的聯繫方式等，使得考察組可以更為全面地獲取考察對象的相關信息，同時接受黨員群眾的廣泛監督。具體的考察方法包括個別談話、發放徵求意見表、民主測評、實地考察、查閱資料、轉向調查、同考察對象面談等，具體的考察內容則包括「德、能、勤、績、廉」五個方面，其中工作實績是考察重點。考察結束後，考察組會將考察結果向黨委主要領導成員以及被考察對象本人反饋。

　　黨委討論決定，是幹部選拔的第三個環節。中國共產黨各級黨委十分重視討論決定所管幹部的任用事宜，這一點從四個方面可以看出。一是所有的幹部任用都不能由某個黨委領導成員決定，即使黨委一把手也沒有這種權力，必須經過黨委會議集體討論方可。二是決定幹部任用事宜的黨委會議，必須有三分之二以上成員參加，參會人員都要保證有充足的時間聽取相關情況介紹並發表明確的意見，即同意、不同意或緩議。三是在充分討論的基礎上，黨委會才會採取口頭表決、舉手表決或無記名投票等方式

▲ 二〇〇九年十二月二十三日，參加四川省華蓉市紅岩鄉黨代會的常任制黨代表，討論增補的黨委委員候選人。

進行表決，其中對於市、縣兩級黨委領導班子的正職擬任人選，必須由黨的委員會全體會議審議，通過無記名投票方式表決。表決結果為超過半數同意，才能形成最終決定。四是當黨委會集體討論時，出現意見分歧較大或者有重大問題不清楚時，會議會暫緩表決，進行深入調查與討論。如果黨委集體討論認為候選人中沒有合適人選，可以決定該職位空缺。從中可以發現，中國共產黨選拔幹部「寧缺毋濫」。

幹部選拔的第四個環節，也是最後一環，為提拔任命階段。為了增強選人用人的科學性與準確性，黨委會討論決定任用人選後，並不會立即下發任命通知，而是要經歷一個任前公示期，即在一定範圍內將擬任用名單

▲ 二〇一三年十二月十三日，在四川內江東興區大學生村幹部黨組織書記述職測評會上，大學生村官黨員對支部書記進行年終考評。

在一定範圍內公示，接受監督。公示期間沒有異議的擬選用人員，黨委才會下發任命通知，並由組織部門為其辦理任職手續。

相對於其他政黨的骨幹選拔方式，中國共產黨採取的「民主推選」與「上級任命」相結合的幹部選拔模式，既發揚了民主、充分聽取各方意見，又保證被任用者能夠符合黨組織的集體要求，真正做到「選賢任能」，提拔那些「組織放心、群眾滿意、幹部服氣」的人充實到中共的幹部隊伍之中。

在實際的幹部使用過程中，有些幹部雖然個人素質很高，但不適合相應的崗位或地區，抑或無法與新的領導班子團結協作。為了降低這種風

▲ 二〇一三年八月一日，江蘇東海，青湖鎮農業資源綜合開發項目區青南村黨支部書記宮強（中）正在向黨員代表述職，介紹承諾工作情況。

險，中國共產黨實行了領導幹部任職試用期制度，即從任免機關發出任職通知起的半年或一年時間為任職試用期。任職試用期滿，按照幹部管理權限，由組織（人事）部門進行考核。與提拔考核不同，這次考核除了全面了解領導幹部試用期的思想政治表現、組織領導能力、工作實績、工作作風和廉潔自律等情況外，重點考核其對試用職務的適應能力和履行職責的情況。考核合格的幹部，正式任用；考核不合格的幹部，根據其具體情況及時調整工作崗位。在實行試用期制度的同時，為了避免一些領導幹部上任後缺乏工作動力，出現「等、靠、托」的狀況，中國共產黨制定並嚴格執行領導職務任期制。具體來說，黨政領導職務每個任期一般為五年，五

年之後重新考核聘用，以激勵領導幹部積極工作。為了促進幹部隊伍新老交替的合理流動，同一職位上連續任職達到兩個任期的領導幹部，不再推薦、提名或者任命擔任同一職務。擔任縣級以上同一層次領導職務累計達到十五年的領導幹部，不再推薦、提名或者任命擔任同一層次領導職務。

分類管理與科學考核

　　選出合適的幹部人選是件難事，管理好這支龐大的幹部隊伍，讓每一名幹部都能夠在自己的職位上發揮作用，同樣不是易事。經過幾十年的探索，中國共產黨逐步建立起了一整套有中國特色的幹部管理體系。

　　在革命戰爭年代以及新中國成立初期，中國共產黨的幹部統一由組織部門一攬子管理。但隨著社會主義建設事業的日益繁重以及各類幹部人數的增加，這種幹部管理方式的弊端逐漸凸顯。二十世紀五〇年代，中國共產黨在堅持黨管幹部原則下開始採取分類分級管理的機制：

　　（一）將全體幹部劃分為九類，即軍隊、文教、計劃工業、財政貿易、交通運輸、農林水利、統戰、政法、黨群等工作幹部，分別由有關的黨委工作部門管理。

　　（二）仿照蘇共黨的幹部職務名單制的辦法，所有幹部按職級分劃給中央或地方黨委分工管理。

　　但受計劃經濟模式的影響，當時的分類分級管理體制仍然具有高度集中的特點，中央和省市區黨委下管二級幹部，企事業單位基本上沒有幹部管理權，很大程度上阻礙了經濟社會的發展。

　　進入改革開放新時期後，中共中央決定下放幹部管理權限，實行下管一級、分層管理、層層負責的管理體制，增強了基層黨委特別是企、事業單位的自主性，極大地提高了幹部管理的效率。在堅持分類管理幹部的同時，中國共產黨改變了計劃經濟時期的分類方式，根據機關、企業、事業單位不同情況，逐步探索出了符合黨政機關、國有企業和事業單位不同特

▲ 為配合《公務員法》二〇〇六年貫徹實施，二〇〇五年十二月十九日，由山西省委組織部、宣傳部和人事廳主辦的「山西移動通信杯公務員法知識競賽」在山西電視臺演播廳舉行。

點的、科學的分類管理體制。

　　就黨政機關而言，中國共產黨建立了現代公務員制度。按照公務員法的規定，中央公務員主管部門負責全國公務員的綜合管理工作。縣級以上地方各級公務員主管部門負責本轄區內公務員的綜合管理工作。上級公務員主管部門指導下級公務員主管部門的公務員管理工作。各級公務員主管部門指導同級各機關的公務員管理工作。在同一機關內，按照職位的性質、特點和管理需要，公務員又被劃分為綜合管理類、專業技術類和行政執法類等具體類別，分別進行考核管理。這種精細化管理方式保證了不同級別、不同崗位的公務員切實履行自己的職責。

　　就國有企業而言，各級政府授權的投資機構(包括授權經營國有資產

的大企業、企業集團、資產經營公司、控股公司，下同)的領導人員，原則上由哪一級政府授權，就由哪一級黨委管理。政府授權的投資機構所屬企業的領導人員，由投資機構管理。在企業內部，黨委支持董事會依法選擇經營管理者以及經營管理者依法行使用人權。目前，中國共產黨正逐步取消國有企業領導人員的行政級別，建立以企業效益、企業社會貢獻、員工認可度、安全生產等指標為評價要素的薪酬機制。這實際上是在堅持黨管幹部原則的基礎上，充分尊重現代企業制度運行規律的有益探索。

就事業單位而言，中國共產黨主要採用崗位管理的方式，即對不同類型的事業單位領導人員，區別情況分別實行聘任、選任、委任、考任。同時，建立事業單位領導人員的任期目標責任制，加強對任期目標完成情況的考核，引導其做好公共事業的服務工作。在事業單位內部，打破過去實際存在的幹部身分終身制，全面推行聘用制度，即單位與職工按照國家有關法律法規，在平等自願、協商一致的基礎上，簽訂聘用合同，明確雙方的責任、義務和權利。為了進一步增強管理的科學性，二〇一二年中共中央辦公廳印發了《關於在推進事業單位改革中加強和改進黨的建設工作的意見》，提出要抓緊研究制定符合不同行業特點的事業單位領導人員管理辦法和綜合考核評價辦法。未來，事業單位領導人員的管理將進一步規範化、精細化。

在明確幹部管理權限後，主管部門要對幹部進行定期和不定期考核，及時了解他們的履職情況。進入二十一世紀後，為了在全黨範圍內樹立科學發展、以人為本的執政理念，中國共產黨在對各級幹部的考核中突出對人口資源、社會保障、節能減排、環境保護、安全生產、社會穩定、黨風廉政、群眾滿意度等約束性指標的考察，對各地區、各部門的工作產生了

当代中国：传统与现代的变奏

▲ 二〇一〇年十月，北京，國家圖書館分館，部分在京部委的部級幹部利用雙休日聽取學習主題為「當代中國：傳統與現代的變奏」的歷史文化講座。

積極的導向作用。當然，根據不同區域、不同層次、不同類型幹部的特點，考核的側重點會有所差異，以增強考核的針對性。考核結果將作為獎勵幹部和問責幹部的主要標準，並與幹部的薪酬待遇、晉陞發展掛鉤，以調動廣大幹部的工作積極性和創造性。

為了提升幹部的工作能力和個人修養，使其不斷適應發展的國際、國內形勢，主管部門還會安排幹部參加各種教育培訓。一方面，根據黨的發展的需要、現實工作的需要和幹部自身的需求，各級幹部會不定期參加旨在提升領導才能、更新業務知識、掌握各領域最新發展動態等方面的在職培訓。另一方面，各級幹部每一年或三五年內要抽出一段時間到黨校、行

政學院、幹部學院參加脫產培訓，進行系統化學習。為了確保培訓的效果，各級幹部教育培訓主管部門和幹部所在單位會建立幹部的教育培訓檔案，如實記載幹部參加教育培訓的情況，為幹部的年度考核和任用考察提供依據。

在實踐中鍛鍊培養幹部

　　中國共產黨十分重視領導幹部的理論修養；但在它看來，實踐鍛鍊才是提高領導幹部執政本領的根本途徑。因為各級領導幹部只有將學到的理論和知識運用到實踐中，才能真正消化理解，提高實際業務能力；也只有在實踐鍛鍊中，各級領導幹部才能不斷磨練自我，提高總攬全局、應對複雜局面的領導能力。因此，與其他政黨不同，中國共產黨十分注重在實踐中鍛鍊、培養幹部。

　　其一，通過幹部交流制度，為幹部提供豐富的實踐機會。和其他國家相比，建立在「黨管幹部」原則基礎上的中國特色幹部管理體制有一個優勢，即可以統籌安排、調動幹部，最大限度地發揮幹部隊伍這個整體的效能。其中，幹部交流制度就是實現這一目標的重要載體。所謂幹部交流是指各級黨委（黨組）及其組織（人事）部門按照幹部管理權限，通過調任、轉任的方式調整幹部的工作。早在民主革命時期，中共中央就提出，幹部太固定，使幹部進步停滯，上下隔閡，有必要在適當程度內進行幹部交流，即上面與下面、前方與後方、軍隊與地方的幹部交流。一九六二年中共中央作出了《關於有計劃有步驟地交流各級主要領導幹部的決定》，把定期交流幹部作為幹部管理工作的一項根本制度。但由於種種原因，這一決定沒有完全執行。二十世紀九〇年代後特別是二十一世紀以來，幹部交流進入了規範化、制度化的軌道。

　　除了克服長期在一個崗位、一個單位工作容易產生的官僚主義傾向、工作懶散情緒外，培養鍛鍊幹部是中國共產黨建立幹部交流制度的重要目

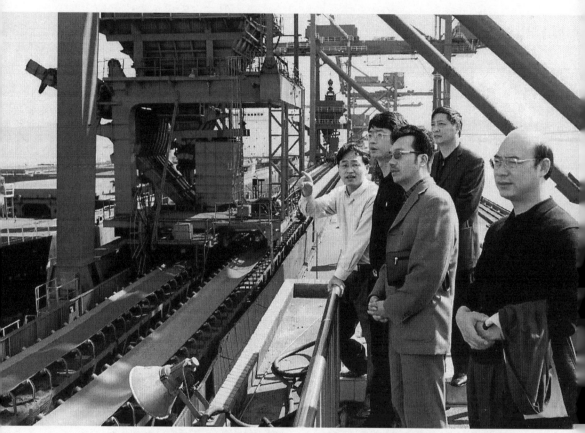

▲ 二○○三年十二月，中國農業銀行總行第二批在浙江寧波分行掛職的東西部交流幹部，到寧波北侖港調研臨港產業。

標。二十世紀九〇年代中期以來，中共中央組織部圍繞西部大開發、振興東北地區等老工業基地、中部地區崛起、國家支柱產業及重大項目建設、援藏援疆工作等大力推進幹部交流，引導幹部向艱苦地區和艱苦崗位交流，推動發達地區和欠發達地區實現幹部的互補性流動。在這一過程中，中央機關的優秀幹部掌握了地方工作的複雜情況；漢族幹部了解了少數民族地區的工作特點；東部經濟較發達地區的優秀幹部、年輕幹部把先進的工作經驗帶到了中西部地區；中西部地區的優秀幹部、有發展潛力的幹部到東部發達地區開闊了眼界，打開了思路。為了適應時代發展所帶來的新的執政挑戰，中國共產黨正在為各級幹部創造越來越多的交流機會，使他們可以在地區之間、部門之間、地方與部門之間、上下級之間、黨政機關與企事業單位及其他社會組織之間交流工作，在不同崗位和不同環境經受磨練，豐富自身的領導工作經驗，開闊視野，增長才幹。

其二，建立上掛下派的幹部掛職制度，拓寬幹部實踐鍛鍊渠道。幹部掛職鍛鍊制度不同於幹部交流制度，主要是為了彌補現任幹部基層工作經驗或把握大局能力的不足，豐富幹部的閱歷和領導經驗。因此，幹部在掛職鍛鍊期間不改變與原機關的人事隸屬關係，掛職結束後還要回原單位工作。所以很大程度上，各地區、各部門會根據自身工作的需要和幹部培養規劃，本著缺什麼補什麼的原則，選派德才素質較好、有培養前途和發展潛力的中青年幹部到適合的地區、單位掛職鍛鍊。按照相關規定，幹部掛職所在地區或單位會為掛職幹部提供必要的工作、生活條件，支持他們開展工作，尤其是保證他們把主要精力和時間用於深入實際，使他們的組織領導能力和思想、工作水平能夠在掛職鍛鍊期間得到切實的提高。

近年來，中國共產黨關於實踐鍛鍊的認識不斷深化。在堅持幹部到基

▲ 二〇〇八年十月，中央電視臺主持人王志掛職雲南麗江副市長。

層鍛鍊重要性的同時，各級黨組織逐漸發現許多基層幹部也有到上級掛職，增加閱歷和見識，熟悉宏觀情況的要求。因為隨著中國共產黨對領導幹部執政能力要求的不斷提高，樹立全局意識、把握宏觀形勢已經成為領導幹部必備的素質之一，但一些基層幹部由於缺少相應的經歷，對上級的某些方針政策領會不到位，難以打破地方和部門的本位主義，服從大局利益。目前，這一工作已經起步，一些地區已經組織村級幹部到鄉鎮站、辦、所和示範服務基地進行「上掛」培養，並在總結經驗的基礎上，嘗試推廣到縣鄉一級，在工作實踐中提高基層幹部對上級工作的熟悉和理解。與此同時，在鼓勵幹部到困難地區、艱苦地區鍛鍊的同時，也疏通了困難地區、艱苦地區幹部到發達地區掛職鍛鍊的通道。僅二〇一三年上半年，

西部地區和其他少數民族地區就選派了 536 名幹部到中央單位和東部發達地區掛職鍛鍊，其中，地廳級幹部 182 人，占總數的 34％；縣處級幹部 354 人，占總數的 66％。

其三，倡導幹部下基層，進行紮實的調查研究。在中國共產黨的認識中，沒有調查就沒有發言權，沒有調查就更沒有決策權。因此，各級領導幹部必須進行紮實的調查研究，才能作出科學的決策。而基層是中國共產黨執政的基礎，基層幹部和群眾的意見、建議是各級幹部作出決策的第一手材料，也是最重要的依據之一。所以從中央領導幹部到省部級幹部，再到地市級和縣級領導幹部，每年都必須保證一到四個月時間深入基層調查研究。為了防止蜻蜓點水、淺嚐輒止的不良傾向，中國共產黨提倡蹲點調查和調研課題制。各級領導幹部都要選擇一些縣或鄉鎮、村、街道、企業、科研單位、學校和家庭作為聯繫點，直接接觸最基層的幹部群眾，且每次調研前領導幹部要圍繞黨委中心工作和分管工作，結合當地實際形成明確的調研問題，在調研的過程中找到解決問題的主張和辦法。此外，在每年舉行的國家公務員考試中，絕大部分單位都將基層工作經驗作為報考條件之一。這實際上也在引導致力於進入中國共產黨幹部隊伍的青年人先到基層了解情況，鍛鍊自己。

▲ 二〇〇九年十二月三十一日，江西宜春市袁州區舉行「我騎單車下基層」活動啟動儀式，鄉鎮團干騎單車下基層。

▲ 二〇〇七年四月二十九日，內蒙古呼倫貝爾貯木場，國稅幹部赴基層調研。

第四章

組織體系

組織是構成政黨的基本要素之一。就規模來說，絕大多數政黨都不是簡單的政治組織，而是由一個個具體的黨內組織組成的複合型政治組織。其中，縱向上政黨往往分為中央組織、地方組織、基層組織等不同組織層級，橫向上則以區域、行業或職能等為界限劃分為不同組織類別。與其他類型的政黨相比，馬克思主義政黨十分重視組織建設，構建的黨內組織網絡也相當嚴密。中國共產黨要管理的黨員人數超過八千萬，其規模甚至比英國或法國的人口還多，但整個黨並沒有處於一團散沙的混亂狀態，相反卻運行十分有序，其中一個重要原因就是建立了嚴密的組織體系。

▌組織原則

　　近代以來世界上任何一個政黨組織都有自己的組織原則。所謂組織原則，就是一個政黨用以整合黨員、幹部、組織這些構成政黨的基本要素，使之統一運轉的思路。任何一種政黨都有其組織原則，只是由於政黨目標、在社會中的地位以及成員等的不同而有所差別。比如，美國的民主黨和共和黨，雖然都有自上而下的全國委員會、州委員會、縣（市）委員會、區委員會和選舉委員會這樣的等級機構設置，但全國委員會和地方各級委員會之間沒有隸屬關係，各自獨立。美國兩黨的組織原則給地方各級組織以極大的自由，這在分區投票的選舉中不存在問題，但選舉之後執政黨作為整體的力量就十分軟弱。又如，二十世紀七〇年代之後在各國成立的綠黨，雖然也有中央、地方、基層組織之分，但實際決策權不在中央或地方，而在基層，上層組織只是基層組織的辦事機構。這一組織原則對於防止黨內個人獨裁具有良好效果，但僅靠理念團結黨員而沒有統一的組織指揮，很難實現政黨單獨執政的目標，也就無法迅速將政黨理念在全國推行。與綠黨重視基層權力相反，二十世紀前半期在德國、意大利等國出現的法西斯政黨，秉持的是領袖至上、個人專權的組織原則。這種組織原則雖然使得整個政黨具有較強的紀律性，但如果領袖下達的命令是錯誤的，就會造成嚴重危害，「二戰」

▲ 廣西大苗山融水苗族自治縣長賴苗寨的苗族黨員群眾收看中共十八大開幕電視直播。

的爆發已經充分說明了這一點。

　　同其他政黨堅持的組織原則相比，中國共產黨確立的民主集中制原則較好地處理了「民主」與「集中」、「自由」與「紀律」之間的關係，不僅避免了一些政黨過分強調民主而出現的組織鬆散、紀律鬆弛現象，而且克服了過度集權、個人專權的弊病。民主集中制之所以能夠發揮如此大的

效果，關鍵在於它不僅保障了普通黨員的民主權利，實現了由多數人做主的目的；而且防止了個人專斷，為科學決策提供了保障；同時確保了政黨的紀律性，使各級組織能夠統一而高效地執行已經制定的各項決策。為什麼民主集中制原則能夠做到這三點呢？

首先，依照民主集中制原則確立的黨內授權關係中，黨員是授權主體，是政黨的「主人」。在中國共產黨內，由全體黨員直接或者間接選舉產生的各級代表大會具有最高權威，各級委員會也要向同級的代表大會負責並報告工作。這是對黨員主體地位的最根本保障。近幾年，中國共產黨還在不斷完善黨員行使選舉權的條件。二〇〇四年通過的《中國共產黨黨

▲ 二〇一三年五月十五日，安徽省合肥市瑤海區大興鎮人大代表接待日活動中，人大代表們紛紛走進社區，走進群眾，傾聽民生，了解民情，與社區居民進行了面對面的溝通與交流，收集群眾意見和建議。

員權利保障條例》，在「選舉權和被選舉權是每一個黨員的基本權利」這一原則基礎上，對黨員的選舉權作出了更為詳細的規定：參加選舉的黨員有權了解候選人情況、要求改變候選人、不選任何一個候選人或另選他人。除了選舉權與被選舉權外，在中國共產黨內，黨員還有權參加黨小組會、支部大會、黨員大會以及與其擔任的黨內職務和代表資格相應的會議；有權閱讀黨內文件；有權在黨的會議上參加關於黨的政策和理論問題的討論，並充分發表自己的意見；有權在黨報黨刊上參加黨的中央和地方組織組織的關於黨的政策和理論問題的討論；有權在黨的會議上批評黨的任何組織和任何黨員。與此同時，黨的上級組織被要求經常聽取下層組織和黨員群眾的意見，及時解決他們提出的問題。黨的各級組織還必須按規定實行黨務公開，使黨員對黨內事務有更多的了解，確保黨員的知情權。上述對於黨員民主權利以及黨員主體地位的保障，使得中國共產黨真正實現了「由多數人做主」的目標。

其次，依據民主集中制原則建立的黨內領導與黨內決策制度，限制了政黨領袖以及各級組織中主要領導幹部的權力，保證了政黨決策的科學性。在中國共產黨內，禁止任何形式的個人崇拜。黨的領袖雖然處於黨內權力的核心，但並不具有絕對權力，其活動也要處於全黨和全國民眾的監督之下。中國共產黨的各級委員會實行集體領導和個人分工負責相結合的制度。所謂集體領導，是指凡是涉及黨的路線、方針、政策的大事，重要工作任務的部署，幹部的任免、調動和處理，群眾利益方面的重要問題等，都必須提交各級委員會、常委會或書記處集體討論決定，不得由個人專斷。在黨委會內部，書記和委員只是分工不同，不是上下級關係，在進行表決時也是各有一票。所謂個人分工負責，是指在各級黨委內部，明確

地規定了每個領導成員所負的具體責任，保證事事有人管、人人有專責。中國共產黨實行的這一領導原則，不僅充分發揮了民主的作用，限制了黨委書記的權力；而且避免了採用集體領導方式下，所有問題都拿到會上討論，從而降低工作效率的問題。

第三，依照民主集中制原則形成的嚴格的黨內紀律規範，使得中國共產黨的整個組織體系團結統一，所制定的科學決策能夠得到有效落實。民主集中制中的「集中」，主要指：（一）黨員個人服從黨的組織；（二）少數服從多數；（三）下級組織服從上級組織；（四）全黨各個組織和全體黨員服從黨的全國代表大會和中央委員會。

所謂「黨員個人服從黨的組織」，是說每一個黨員，包括領導幹部甚至黨的領袖，都必須堅決執行組織作出的決定。如果黨員個人對於組織的決定有不同意見，可以保留或者向上一級組織提出，但在組織改變決定之前，黨員必須無條件執行原來的決定；不允許出現符合個人心意的決定執行，不符合心意的決定就不執行的情況。

所謂「少數服從多數」，是說各級組織在討論決定問題時，在充分發言的基礎上進行表決，占多數的意見就應成為組織的決定。為了使決策更為科學，中國共產黨要求各級組織也要認真考慮少數人的意見，合理的部分予以吸收；當發生關於重大問題的爭論或是意見不同的雙方人數接近時，通常要暫緩作出決定，進行深入調查研究之後再予以表決。

所謂「下級組織服從上級組織」，是說下級組織必須執行上級組織的決定，如果認為上級組織的決定不符合本地區、本部門的實際情況，可以請求改變；但如果上級組織堅持原來的決定，那麼下級組織必須執行，並且不得公開發表不同意見。不過，這有一個前提，就是中國共產黨要求各

▲ 二〇一二年三月二十日，北京城南永外街道永鐵苑社區活動中心，一百八十名黨員早早趕到這裡，選舉社區黨委書記、副書記和委員。

▲ 二〇一三年十二月十三日，年關將近，為進一步嚴密治安監控，浙江建德市新安江街道綜治辦聯合新安江派出所，組織社區在職黨員和退休黨員開展夜間巡防活動。

級領導機關在對下級組織有關的重要問題作出決定之前，必須充分徵求下級組織的意見，且不得干預本屬於下級組織權限之內的事宜。此外，下級組織還有權越級向比上級組織更高的組織匯報情況。

　　所謂「全黨各個組織和全體黨員服從黨的全國代表大會和中央委員會」，是說黨的全國代表大會和中央委員會是中國共產黨內的最高領導機關，有關全國性的重大政策問題，只有中共中央有權作出決定，各部門、

▲ 二〇一三年十一月二十二日，四川省瀘州市，龍馬潭區金龍鄉金龍社區的黨員代表們舉手表決。

各地方的組織可以向中央提出建議，但不得擅自作出決定和對外發表主張。

這四方面規定，規範了黨員個人與各級組織的行為，既使得整個組織體系能夠步調一致，又保證了各級領導機關制定的決策能夠切實地得到貫徹、落實，從而避免了一些國家出現的議而不決、決而不行，各行其是、各自為政，甚至無政府狀態。

概言之，民主集中制兼取了民主和效率兩者之所長。它能夠統籌兼顧各方面利益訴求，有利於實現個人與集體、局部與整體、眼前與長遠、領導與群眾、民主與法制、紀律與自由、權利與義務的正確結合。與此同時，只要在民主基礎上形成正確的集中，制定正確的方針政策和重大決策，就能形成全黨全國的統一意志，有效整合社會資源，高效率地貫徹執行，避免各種掣肘和牽扯，很有助於國家的興旺發達。正是這一科學的組織原則，讓中國共產黨這個擁有超過八千萬黨員、數百萬個基層組織的大黨靈活而高效地運轉，在當代中國的各項事業中起著核心作用。

▍基層組織

　　除了科學的組織原則，嚴密的組織體系也是中國共產黨能夠高效運轉的重要原因。從中國共產黨的發展歷程可以看出，中國共產黨的建立受到當時唯一的社會主義國家執政黨俄國共產黨的深刻影響，中國共產黨的各級組織機構也是仿照俄國共產黨的組織架構建立起來的。九十餘年過去了，儘管一些具體的組織制度發生了較大的變化，但中國共產黨的組織機構的基本框架沒有改變，仍然由基層組織、地方組織和中央組織三部分構成。

　　中國共產黨的組織體系有很多特點，其中突出的一點就是不允許有游離於組織之外的黨員存在。根據中國共產黨的章程，每一個黨員都要被編入到一個支部之中，並在裡面積極工作。支部，是中國共產黨組織體系中規模最小的單位。在企業、農村、機關、學校、科研院所、街道社區、社會組織、人民解放軍連隊和其他基層單位中，只要有三名以上中國共產黨正式黨員，即可建立黨的支部。如果某一單位只有一到二名黨員，他們就會與鄰近單位的黨員組成聯合支部。通常支部的規模不會超過五十人。當某一支部的黨員人數發展到五十人以上時，就可以向上級黨委申請，建立黨的總支部，下面再分設若干支部。而黨員超過一百人的基層單位，經上級黨委批準，就可設立黨的基層委員會，基層委員會下面再設立若干總支部或支部。支部、總支部與基層黨的委員會實際上就構成了中國共產黨的基層組織體系。

　　儘管支部的規模小，但它在中國共產黨的整個組織體系中發揮著十分

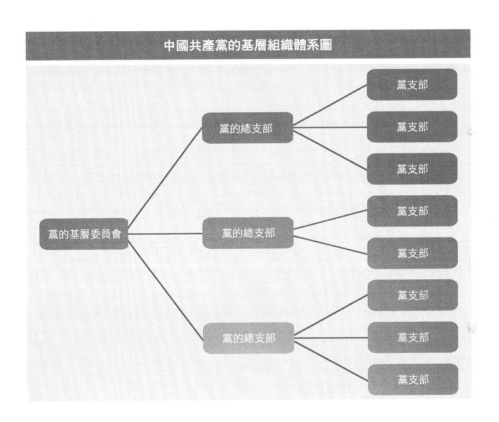

中國共產黨的基層組織體系圖

黨的基層委員會

黨的總支部

黨的總支部

黨的總支部

黨支部

黨支部

黨支部

黨支部

黨支部

黨支部

黨支部

黨支部

立黨的支部。這一調整，不僅能防止流動、分散的黨員游離於黨組織之外，而且幫助中國共產黨在中國市場化程度日益加深的情況下仍能不斷提高基層組織的覆蓋面，充分調動全社會的資源。

數量眾多的支部是中國共產黨整個組織體系的根基，但僅憑這種組織建制模式是不能保證支部成員統一行動、積極工作的，還需要有強有力的領導者。中國有句俗語，「火車跑得快，全靠車頭帶」。同樣，一個政治組織，無論它的規模大小，都需要有核心人物或領導機關。根據中國共產黨的規定，當一個支部的黨員人數少於七人時，無需成立支部內部的領導機關；但當支部內部黨員達到七人及以上時，就要成立支部委員會，領導支部的各項工作。支部委員會，不由上級指派，而由支部內的全體黨員召開會議，投票選舉產生。同樣，由若干支部組成的總支部也需要有總支部委員會，也是要由總支部內部的全體黨員召開會議，投票選舉產生。既然選舉，就要有候選人。成為支部委員會選舉的候選人，通常有兩種方式：一是自我推薦；二是上級黨組織推薦。候選人的人數一般要多於支部委員會的職務數，以便進行差額選舉。無論是支部委員會成員還是總支部委員會成員，都不是終身的，每一屆任期為兩年或三年，任期結束後進行換屆選舉。因此，如果支部委員會在任期內沒有很好地履行自己的職責，贏得支部內黨員們的信任，那麼換屆選舉時黨員們就會投票選舉其他有能力的人，組成新的支部委員會。這樣就可以保證領導中國共產黨基層工作的各支部委員會積極工作、認真履職。

在支部和總支部上面設立的黨的基層委員會，是中國共產黨在基層單位的總的領導機關。它的候選人產生方式、選舉流程與支部委員會和總支部委員會基本一致，但有兩點不同：第一，黨的基層委員會雖然也採取任

▲ 河南省許昌市古槐街小學黨支部開展手機微信學習黨的群眾路線教育實踐活動。學校黨員教師把相關文章通過微信相互轉發，共同學習。

重要的作用。首先，支部是中國共產黨伸向基層社會的觸角，分佈於中國社會的各個階層、各個領域，是政黨與普通民眾的銜接點。其次，支部的層級雖低，但肩負的職責很多，包括宣傳思想、發展黨員、動員群眾等，是中共各項路線方針政策的最終執行者。再次，正是因為單個支部的成員相對較少，所以支部內部既便於管理，又可以及時、靈活地開展各種活動。最後，規模小、靈活機動的特點讓支部成為中國共產黨適應二十一世紀以來中國社會流動性增強，且朝著多元化方向發展等新特點的重要「武器」。目前，中國共產黨已經打破了原來僅僅在企業、學校、機關等實體單位建立支部的模式，開始在樓宇、市場、園區、社區乃至臨時居住點建

▲ 二〇一四年二月十五日，江西省首個志願者協會黨支部在玉山縣正式掛牌運行。

期制，但每一屆的任期相對支部委員會與總支部委員會來說要長。根據《中共中央組織部關於黨的基層組織任期的意見》，大中型企業、大專院校、規模較大的科研院所黨的委員會，地（市、州、盟）級和地級以上機關黨的委員會每屆任期四年，其他黨的基層委員會每屆任期三年。第二，由於每個基層單位黨員人數多少不同，該單位的基層委員會可以由全體黨員大會選舉產生，也可以由該單位的黨員代表大會選舉產生。也就是說，黨員人數較少時，可以通過直接選舉的形式產生黨的基層委員會；但黨員人數較多時，下屬的各黨支部、黨總支部可以選舉黨員代表，組成黨的代表大會，再通過間接選舉的形式產生黨的基層委員會。隨著近年來基層黨員對民主權利要求的不斷提高，中國共產黨在基層黨組織選舉制度方面進行了不懈的探索，形成了「兩推一選」和「公推直選」兩種方式。

所謂「兩推一選」，就是採用黨員民主推薦和群眾民主推薦相結合的方式投票提名基層支部候選人，再由黨組織內全體有選舉權的黨員無記名投票選舉支委人選。其中，黨員推薦是第一步。基層支部組織召開黨員大會，發放民主推選票，由黨員根據新一屆支委的職數、條件等，無記名推選心目中的新一屆支委人選（如新一屆支委職數為三名的，每個黨員推選的人選就不能超過三名），最終根據黨員民主推選結果，將推選的對象根據票數確定遞交群眾推薦的人選（一般要比應選人數差額多一些，可根據實際確定）。隨後召開村民代表會議或社區代表會議，由群眾代表投票推薦；也可根據各村或社區的實際擴大參加範圍，如老年協會代表、婦女代表等。這樣就保證了基層支部不僅得到廣大基層黨員的認可，也得到了廣大基層群眾的認可，增強了黨的執政基礎。

所謂「公推直選」，是基層黨內民主建設中另一種新的民主選舉模

式。其中,「公推」是指黨員和群眾公開推薦基層黨組織領導班子成員,是一個初始提名的問題,目的是增進基層黨組織領導班子的合法性基礎;「直選」是指黨員直接選舉基層黨組織書記、副書記,是一個自由選擇的問題,目的是更好地體現選舉人的意志。二〇〇一年起,四川等地開始試點將這種選舉方式用於選舉鄉鎮黨委,取得了較好的效果。二〇〇八年重慶市還專門出臺了《重慶市黨的基層委員會成員公開推薦直接選舉辦法

▲ 二〇一三年十一月二十一日,甘肅張掖甘州區沙井鎮水磨灣村通過「兩推一選」方式,進行新一屆黨支部支委的選舉。

（試行）》，對任職條件、推薦辦法、選舉程序等作出具體規定，並在百分之八十以上的鄉鎮推開。二〇〇九年五月十五日，深圳市率先將「公推直選」用於機關黨委書記的選舉之中，採用黨組推薦、聯名推薦、自薦和黨員直接選舉的方式選舉機關黨委委員、書記、副書記、紀委書記。「公推直選」的推行，使黨員的民主權利得到落實，激發了黨員積極性，讓廣大黨員更加關心黨內事務；同時為幹部營造了一個公平、公開、公正的競爭

▲ 二〇一三年十二月二十日下午，浙江舟山市金塘個體勞動者協會黨支部的黨員們齊聚一堂，用直選的方法選舉新一屆支委會。

環境，有利於真正的人才脫穎而出。

在中國共產黨看來，如果一個政黨的組織基礎打不好，那麼整個政黨組織都不會有力量，因此從建黨開始，中國共產黨就十分重視基層黨組織的建設與發展。截至二〇一二年底，全國 7245 個城市街道、3.3 萬個鄉鎮、8.7 萬個社區（居委會）、58.8 萬個建制村建立了黨組織。機關、事業單位黨組織覆蓋面分別達到 99.97％、99.4％。公有制企業黨組織覆蓋面達到 99.98％。147.5 萬個非公有制企業建立黨組織，占具備建立黨組織條件的非公有制企業數的 99.95％。4.03 萬個社會團體建立黨組織，占具備建立黨組織條件的社會團體數的 99.21％。3.95 萬個民辦非企業單位建立黨組織，占具備建立黨組織條件的民辦非企業單位數的 99.61％。截至二〇一〇年底，中國共產黨的基層組織總數已經達到 389.2 萬個，其中基層黨委 18.7 萬個，總支部 24.2 萬個，支部 346.3 萬個。除了數量較多外，中國共產黨在進行基層組織建立時也特別注意對於基層社會的覆蓋程度。截至二〇一〇年底，全國有 6869 個城市街道建立了黨的組織，3.4 萬個鄉鎮建立了黨的組織，8.2 萬個社區（居委會）建立了黨的組織，59.4 萬個建制村建立了黨的組織。在全國建制村、社區中，黨的基層組織的覆蓋面已經達到 99.9％。與此同時，全國 75.07 萬個具備建立黨的基層組織條件的企業中，74.96 萬個建立了黨的組織，占 99.9％。全國 23.59 萬個具備建立黨的基層組織條件的機關單位中，23.58 萬個建立了黨的組織，占 99.96％。全國 49.83 萬個具備建立黨的基層組織條件的事業單位中，49.26 萬個建立了黨的組織，占 98.9％。特別是高等學校黨的基層組織的覆蓋面達到了 99.9％。在保持這些原有基礎的同時，中國共產黨在新社會組織、新經濟組織中開展基層組織建設的工作也取得了較好的成績。二〇

一○年，全國 1.47 萬個具備建立黨的基層組織條件的社會團體中，1.42萬個建立了黨的基層組織，占 96.8％。1.93 萬個具備建立黨的基層組織條件的民辦非企業單位中，1.89 萬個建立了黨的組織，占 98％。顯然，中國共產黨已經建立了一個分佈廣泛、完善嚴密、堅強有力的基層黨組織體系。

基層黨組織設置方式不斷創新，覆蓋面進一步擴大。在以地域、單位為主設置基層黨組織的基礎上，採取單獨組建、區域聯建、行業統建，以及先行組建群團組織、派駐黨建工作指導員等方式，不斷擴大黨組織和黨的工作覆蓋面。具備建立黨組織條件的非公有制企業中，二○一二年黨組織數量比上年增長 18.8％；具備建立黨組織條件的社會團體、民辦非企業單位中，黨組織覆蓋率分別比上年增長 1.8％、0.3％。

基層黨組織戰鬥堡壘作用和黨員先鋒模範作用充分發揮。廣大基層黨組織團結帶領黨員群眾貫徹黨的路線方針政策、落實各項任務，充分發揮推動發展、服務群眾、凝聚人心、促進和諧的作用。深入推進窗口單位和服務行業創先爭優，二○一二年各級黨組織和黨員群眾共結成幫扶對子 2097.8 萬個，為群眾辦實事 4962.8 萬件。在抗震救災等重大任務中，廣大黨員衝鋒在前、無私奉獻，充分展示了共產黨人的優秀品格和時代風範。

▲ 二〇〇八年六月，空降兵某部「黨員突擊隊」在四川綿竹市漢旺鎮抗震救災期間舉行宣誓活動。

▍地方組織

在由支部、總支部與基層黨委構成的基層組織之上，是中國共產黨的地方組織系統。地方組織系統的建立主要與中國的行政區劃相對應，自上而下同樣分為三個層級：省、自治區、直轄市為第一層級；設區的市和自治州為第二層級；縣（旗）、自治縣、不設區的市和市轄區為第三層級。在每一個層級中，都會有黨的代表大會及同級黨的委員會，它們是中國共產黨在該層級的領導機關，任期均為五年，每五年進行一次換屆選舉。

地方各級代表大會是由來自各地的黨員代表組成的，代表廣大基層黨員行使各項權力，主要包括：聽取和審查同級委員會的報告；聽取和審查同級紀律檢查委員會的報告；討論本地區範圍內的重大問題並作出決議；選舉同級黨的委員會，選舉同級黨的紀律檢查委員會。

為了保證這些黨員代表能夠真正具有代表性，中國共產黨作了三個方面的規定：第一，只有共產黨員中的優秀分子才能被選為黨員代表。何為優秀呢？一是能夠認真貫徹執行黨的路線、方針、政策，二是能夠按照黨性原則辦事，三是能夠嚴守黨的祕密，四是有一定的議事能力。第二，各級黨的代表大會的代表一定要具有廣泛性，不能只代表一部分黨員的利益。因此，各級黨的代表大會代表中既要有各級領導幹部、各類專業技術人員，也要有各個領域的先進模範人物、解放軍、武警部隊等方面的代表；婦女代表和少數民族代表的比例一般不少於本地區婦女、少數民族黨員占黨員總數的比例。第三，各級黨的代表大會的代表應當在充分發揚黨內民主的前提下，通過自下而上、上下結合的方法產生。根據中國共產黨

▲ 二〇一二年六月二十九日，中共北京市第十一次代表大會開幕，代表們在聽取和審閱市委書記所作的報告。

的地方組織選舉工作條例規定，省、自治區、直轄市代表大會的名額，一般為四百至八百名；設區的市和自治州代表大會代表的名額，一般為三百至五百名；縣（旗）、自治縣、不設區的市和市轄區代表大會代表的名額，一般為二百至四百名。在開始選舉程序之前，中國共產黨的各級地方委員會會根據黨員和所轄黨組織數量的多少，給各選舉單位分配代表名

額。隨後，各單位通過「三上三下」的方式，根據多數黨組織和多數黨員的意見，確定代表候選人人選。

以縣（旗）、自治縣、不設區的市和市轄區代表大會代表候選人的確定為例，首先，基層黨支部召開會議，根據多數黨員的意見確定黨代表的推薦人選，並上報基層黨委，此為「一上」。基層黨委根據所轄多數黨支部的意見，對報上來的全部推薦人選進行遴選，再拿下去徵求各黨支部和廣大黨員的意見，此為「一下」。根據徵求上來的意見，經過充分醞釀，基層黨委將推選名單上報給縣（市、區）級黨委，此為「二上」。縣（市、區）委全委會根據多數基層黨委的意見對人選進行遴選，再徵求基層黨委意見，此為「二下」。各級基層黨委對於遴選人選進行充分討論，將意見上報給縣（市、區）級黨委，此為「三上」。根據徵求上來的意見，按照不少於百分之二十的差額比例，縣（市、區）級黨委確定候選人名單，並將名單反饋給基層黨委，此為「三下」。省、自治區、直轄市代表大會以及設區的市和自治州代表大會的代表候選人人選的確定方式與此相同。

候選人確定之後，基層黨委會逐一進行全面考察，並將考察結果上報上級黨委。隨後，各級選舉單位召開黨員大會或者代表大會或者代表會議，從考察審核沒有問題的候選人之中，選舉產生參加上一級黨代會的黨員代表。這種自下而上、上下結合、反覆醞釀、逐級遴選的黨代表產生方式，充分發揮了民主的精神，確保了基層黨員群眾的意見在黨代表選舉中的體現。

在各級代表大會閉會期間，尤其選舉產生的同級黨的委員會負責執行代表大會的決議和上級黨組織的各項指示，貫徹執行黨的路線、方針、政策和國家的法律、法規，對本地區的政治、經濟、文化和社會發展等各方

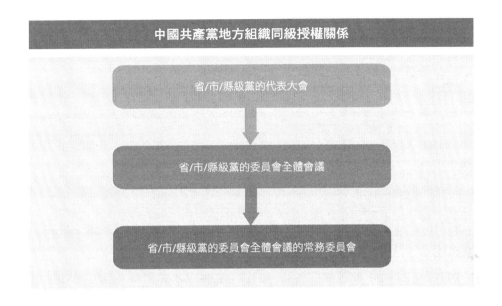

中國共產黨地方組織同級授權關係

省/市/縣級黨的代表大會

省/市/縣級黨的委員會全體會議

省/市/縣級黨的委員會全體會議的常務委員會

面工作實行全面領導；並定期向上級黨的委員會報告工作。地方各級委員會由正式委員和候補委員共同組成，通常候補委員人數不少於委員會總人數的百分之十五。候補委員有優先成為同級委員會委員的權力，也就是說如果同級委員會委員在任期內喪失了職務（死亡、辭職、被開除），候補委員可以替補成為正式委員。地方各級委員會是本地區的領導核心，不僅負責對本地區經濟建設、社會發展、中國共產黨的自身建設等方面工作中的重大問題作出決策，而且負責向地方國家機關推薦重要幹部，在地方國家機關、人民團體、經濟組織、文化組織和其他非黨組織的領導機關中成立黨組，同時負責動員、組織所屬黨組織和廣大黨員，一同完成上級黨組織交給的任務，等等。

不過，地方各級黨的委員會全體會議每年也只是召開兩次，並非常設

機構。各級黨的委員會全體會議要選舉產生常務委員會和書記、副書記。在委員會全體會議閉會期間，常務委員會行使其職權；在下屆代表大會開會期間，繼續主持經常工作，直到新的常務委員會產生為止。從各級黨的代表大會與同級的黨的委員會及其常務委員會之間的授權關係（見上圖），可以看出主持經常工作，在地方工作中行使重要職能的實際上是常務委員會。

常委會會議由書記召集並主持，一般每月召開兩次，如遇重要情況可隨時召開。如果書記不能參加會議，可以委託副書記召集並主持。它不僅有權對本地區經濟建設、社會發展、黨的自身建設等方面經常工作中的重要問題作出決定，還有權對同級地方國家機關、人民團體、經濟組織、文化組織和其他非黨組織的領導機關中的黨組請示的問題作出決定；同時可以以黨的委員會名義向上級黨組織請示、報告工作，向所屬黨組織發佈指示、通知、通報，制定以黨的委員會名義發出的其他重要文件，以及按照幹部管理權限和規定的程序，負責推薦、提名、任免、教育和監督幹部，調動或指派下一級黨組織的負責人。

但常務委員會的這些權力是要受到約束的。中國共產黨黨章規定，地方委員會的常務委員會必須定期向委員會全體會議報告工作，接受監督。這一點越來越受到中國共產黨各地方組織的重視。二〇〇五年四川省委就專門制定出臺了《四川省市（州）、縣（市、區）黨委常委會向全委會報告工作並接受監督的暫行規定》，要求常委會的工作報告應提前五天送達全委會成員，保證委員有充分的時間對報告進行研讀和思考；如果常委會工作報告未獲通過，要在三個月內重新報告，且報告工作的情況應以適當方式向下屬黨組織通報，以做到黨務公開。為了促進委員個人對常委會工

▲ 二〇一二年十一月五日，天津市南開區天頤和養老院的老黨員用一千三百朵絲網花代表十三億人民、五十六朵玫瑰代表五十六個民族，表達天津老人永遠跟黨走、共創美好未來的決心。

作開展監督,「暫行規定」強調委員對工作報告的有關問題可以提出詢問或質詢,且委員審議常委會工作報告時的發言不受追究。二〇一二年廣東省委印發了《關於充分發揮中國共產黨廣東省各級委員會全體會議作用的暫行規定》,明確指出:全委會閉會期間,全委會成員應積極參與同級黨委組織的決議落實情況專項督查、糾風暗訪等活動,推動解決不作為、不落實等問題。對全委會決議、決定執行中存在的問題,《意見》規定,全委會成員可按照有關規定向同級黨委常委會、紀委、工作部門、直屬機構、派出機關、派出的巡視機構、地方黨委批準成立的黨委(黨組)提出書面詢問和質詢。受詢問、質詢對象應在規定時限內向全委會成員作出書面說明或解釋,及時答覆。此外,全委會成員還可以列席同級黨委常委會議並就列席議題發表意見建議。

在充分發揮全委會職能的同時,為了進一步擴大黨內民主,確保黨代表大會的權力,中國共產黨從二十世紀八〇年代末就開始在一些市、縣、區進行黨代表大會常任制的試點。在試點的過程中,各地探索出了大量有助於提高黨內民主質量的方式方法。例如,江蘇省南京市的白下區在推進黨代會常任制的過程中,實行了黨代會代表進選區活動,使黨代會的代表與他所在選區的黨員有了更直接的溝通、更直接的聯繫,黨員對黨代表的認可度明顯增高。又如,浙江省臺州市的椒江區建立了區委常委接待基層黨代會代表、黨代表列席黨內有關會議、黨代表大會代表提案提議和建議意見等一系列有利於增強黨代表權利的相關制度,激發了全區廣大黨員群眾推進經濟社會發展的主動性、積極性和創造性,使得二〇〇七年椒江區社會發展水平上升到臺州市第一位。再如,甘肅省敦煌市在二〇〇八至二〇一二年間組織市鄉兩級黨代表開展了「百日訪民情」、視察調研、聯繫

走訪和評優樹模等十項活動，共辦理黨員群眾意見建議三百二十多條，落實幫扶項目二十六個、幫扶資金三百六十多萬餘元，為民服務辦實事四百五十多件。在此基礎上，二〇一二年中共十八大強調，各地要深化縣（市、區）黨代會常任制試點，實行黨代會代表提案制。十八之後的一年時間裡，這項工作已經在各地全面鋪開，極大地提升了中國共產黨地方組織的凝聚力和創造力。

▌中央組織

　　中央組織處於中國共產黨組織體系的最上端，負責領導黨的全部工作。其中，每五年召開一次的全國代表大會和它所產生的中央委員會，是中國共產黨的最高領導機關；而同樣由全國代表大會選舉產生的中央紀律檢查委員會是中國共產黨最高紀律檢查機關。這「一會兩委」對於中國共產黨乃至全中國都具有最為重要的意義，因此中國共產黨對其代表或委員

▲ 二〇一二年十一月十四日，中國共產黨第十八次全國代表大會在北京人民大會堂舉行閉幕會，圖為代表們在人民大會堂前合影留念。

的產生十分重視。這裡僅以二〇一二年十一月召開的中共十八大為例，予以說明。

根據中國共產黨黨章規定，全國代表大會代表的名額和選舉辦法，由中央委員會決定。二〇一一年十一月，即中共十八大召開前一年，中共中央就印發了《關於黨的十八大代表選舉工作的通知》，開始部署十八大代表的選舉工作。考慮到十七大之後的五年間全國基層黨組織和黨員數有所增加，且有必要增加生產和工作第一線的黨員代表，十八大代表名額確定為二二七〇名，比十七大時增加五十名。

按照《通知》的要求，三十一個省（自治區、直轄市）、中央直屬機關、中央國家機關、全國臺聯、解放軍、武警部隊、中央金融系統、中央企業系統、中央香港工委、中央澳門工委共四十個選舉單位開始逐級遴選代表人選。為了能夠真正體現全體黨員的意志，各選舉單位採取印發宣傳提綱、發送手機短信、張貼致黨員的公開信等多種方式，廣泛宣傳十八大代表選舉工作的重大意義和政策規定，組織發動廣大黨員包括流動黨員、離退休黨員參與代表人選的推薦提名。據統計，各選舉單位基層黨組織的參與基本實現了全覆蓋，黨員參與率達到百分之九十八。

為了確保代表選舉的規範性和嚴肅性，中共中央明確了選舉程序，主要包括五個環節：推薦提名、組織考察、確定代表候選人初步人選名單並進行公示、確定代表候選人預備人選、召開代表大會或代表會議選舉代表。根據五個環節的要求，中央組織部把每個環節所要進行的步驟進一步細化，制定了十八大代表產生的流程圖，發給每個選舉單位，以供遵循。

經過大半年的時間，二〇一二年七月，二二七〇名十八大代表全部產生。他們來自全國各地和各行各業，涵蓋了經濟、科技、國防、政法、教

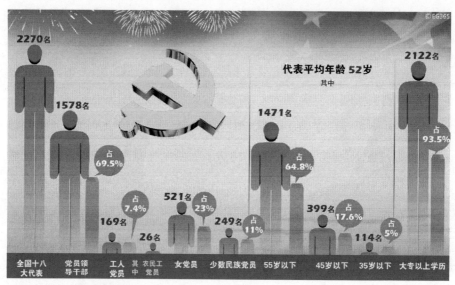

▲ 中共十八大代表構成圖

育、宣傳、文化、衛生、體育和社會管理等各個領域。他們中，既有各級黨員領導幹部，又有生產和工作第一線黨員；既有工人、農民、專業技術人員和軍人，又有基層幹部和企事業單位管理人員，還有來自非公有制企業和新社會組織的黨員。其中，黨員領導幹部 1578 名，占 69.5％；生產和工作第一線黨員 692 名，占 30.5％；55 歲以下的黨員 1471 名，占代表總數的 64.8％；45 歲以下的黨員 399 名，占 17.6％，35 歲以下的 114 名，占 5％。

在大會召開期間，全國代表大會有權聽取和審查中央委員會的報告，聽取和審查中央紀律檢查委員會的報告，討論並決定黨的重大問題，修改黨的章程，選舉中央委員會和中央紀律檢查委員會。其中，中央委員會在全國代表大會閉會期間領導黨的全部工作，對外代表中國共產黨。中共中央紀律檢查委員會在中央委員會的領導下工作，負責維護黨的章程和其他黨內法規，協助黨的委員會加強黨風建設，檢查黨的路線方針政策和決議的執行情況；對黨員進行遵守紀律的教育，作出關於維護黨紀的決定；檢查和處理黨的組織和黨員違反黨章和其他黨內法規的比較重要或複雜的案件，決定或取消對這些案件中黨員的處分；受理黨員的控告和申訴等。

這兩個委員會的選舉是歷次中國共產黨全國代表大會的重要任務。以十八屆「兩委」為例，時任中共中央總書記胡錦濤先後主持召開中央政治局常委會和中央政治局會議，確定做好「兩委」人事準備工作的指導思想和基本原則，明確「兩委」人選總體要求和條件、結構以及推薦考察方法。最終，第十七屆中央確定：

——新一屆中央委員會應當是用馬克思列寧主義、毛澤東思想、鄧小平理論和「三個代表」重要思想武裝起來，深入貫徹落實科學發展觀，堅

決貫徹黨的基本路線、基本綱領、基本經驗，堅定不移走中國特色社會主義道路，全心全意為人民服務，立黨為公、執政為民，求真務實、改革創新，艱苦奮鬥、清正廉潔，富有活力、團結和諧，思想上、政治上、組織上高度統一，始終走在時代前列，能夠駕馭複雜局面，應對各種挑戰，帶領全黨全國各族人民不斷推動社會主義經濟建設、政治建設、文化建設、社會建設以及生態文明建設和黨的建設全面發展的政治家集團。

▲ 二〇一二年十一月八日，湖北經濟學院組織師生黨員在教室、會議室和電子閱覽室收看中國共產黨第十八次全國代表大會盛況。

——新一屆中央紀律檢查委員會應當是堅決貫徹執行黨的路線、方針、政策，善於從全局上把握黨風廉政建設和反腐敗工作，理想信念堅定，黨性堅強，公道正派，敢於堅持原則，能夠同黨內各種違法違紀行為和不正之風作堅決鬥爭的領導集體。

按照中央統一部署，從二〇一一年七月到二〇一二年六月，中央先後派出五十九個考察組，分赴三十一個省區市和一百三十個中央國家機關、中央金融機構、在京中央企業進行考察；中央軍委派出九個考察組分赴全軍和武警部隊各大單位進行考察；之後根據需要又對個別人選進行補充考察。據統計，考察組共在四萬二千八百餘人的範圍內進行民主推薦，先後同二萬七千五百餘人進行個別談話。在省區市，由考察組根據民主推薦情況和人選結構要求，按分配名額 1：1.5-2 的比例，由省區市黨委主要負責同志提出考察對象初步名單。考察組組長和省區市黨委主要負責同志根據實際情況，有針對性地做好醞釀溝通工作。個別徵求常委意見或召開常委會聽取意見，然後召開全委會或全委擴大會，對是否同意初步名單所提人選進行一次投票。根據徵求意見和全委會或全委擴大會投票情況，提出考察對象名單。在中央、國家機關和有關方面，由考察組根據民主推薦情況提出差額考察或等額考察對象初步名單，進一步徵求考察單位黨組(黨委)成員意見或召開黨組(黨委)會聽取意見。根據實際情況，有的召開黨組(黨委)擴大會，對是否同意初步名單所提人選進行一次投票。根據徵求意見和黨組(黨委)擴大會投票情況，提出考察對象名單。

二〇一一年下半年至二〇一二年下半年，中央政治局常委會先後召開十一次會議，專題聽取各考察組匯報，及時掌握考察情況。二〇一二年十月，中央政治局常委會統籌考慮，綜合研究，從各考察組最終確定的七二

七名「兩委」遴選對象中建議提名五三二名「兩委」候選人預備人選，隨後提交全國代表大會進行正式選舉。選舉產生的中央委員會全體會議每年至少召開一次。不過，中央委員會全體會議選舉產生、在其閉會期間代行職權的是中央政治局和它的常務委員會，而不是像在地方組織中一樣，選舉產生一個「中央委員會全體會議的常務委員會」。這是中央組織與地方組織的不同之處，其他的組織結構設置也略有區別（見上圖）。

在中央委員會閉會期間，中國共產黨的中央一級包括中國共產黨的最高領導人與三個領導機構即中央政治局、中央政治局常務委員會與中央軍事委員會。四者均由中央委員會全體會議選舉產生。其中，中國共產黨中央委員會總書記是中國共產黨最高領導人的正式職務稱謂，其負責召集中央政治局會議和中央政治局常務委員會會議，並主持中央書記處的工作。中央政治局和它的常務委員會在中央委員會全體會議閉會期間行使中央委員會的職權，但由於全國範圍內的事務性工作異常繁重，所以設立了中央書記處，作為中央政治局和它的常務委員會的辦事機構。中央書記處的成員由中央政治局常務委員會提名，經中央委員會全體會議審議通過。中央軍事委員會是中國共產黨領導下的最高軍事領導機構，直接領導全國武裝力量，在中國共產黨組織體系中占有比較特殊的地位，因此其組成人員由中國共產黨中央委員會決定，而非通過選舉產生。

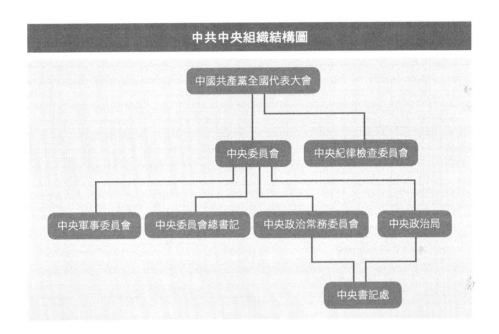

中共中央組織結構圖

中國共產黨全國代表大會

中央委員會　　　中央紀律檢查委員會

中央軍事委員會　　中央委員會總書記　　中央政治常務委員會　　中央政治局

中央書記處

第五章

領導方式與執政方式

任何一個政黨都不能單靠自身的力量實現執政意圖，完成領導國家發展的歷史使命，而必須高度重視控制、運用國家政權組織和汲取外部黨派、社會團體的力量和智慧。中國共產黨也不例外，但它還有不同於其他政黨的地方，即它不僅是執政黨，也是領導黨。因此，如何處理好兩個角色之間的關係，更好地領導國家的發展，實現黨的執政目標就成為中國共產黨不得不面對的問題。在探索這一課題的過程中，中國共產黨不斷完善自己的領導方式和執政方式，以提高執政效能，確立良好的執政形象。

▎總攬全局、協調各方

　　從新中國成立到十一屆三中全會前的一段時間裡，黨政不分、以黨代政的一元化領導體制一直是中國共產黨運行的主要方式。隨著改革開放序幕的拉開，以鄧小平為核心的第二代中央領導集體意識到這種領導體制對於國家發展的不利之處，將改善黨的領導，實行黨政、黨群職能分開確定為中國政治體制改革的核心內容之一，不斷改革和完善黨的領導體制和工作機制，恢復、健全中國共產黨領導的多黨合作和政治協商制度的步伐也逐漸加快，有力地促進了社會主義制度的不斷完善和中國共產黨執政方式的不斷改進。進入二十一世紀，中國共產黨在鞏固黨的領導地位的同時，按照總攬全局、協調各方的原則，不斷規範黨委與人大、政府、政協之間的關係。

　　一是確立和健全了「一個核心」「三個黨組」的組織結構和工作機制。所謂「一個核心」，即黨委要在同級各種組織中發揮領導核心作用。這實際上涵蓋兩層內容：其一，凡屬本地區、本部門涉及到全局性、戰略性、根本性和前瞻性的重大問題，都要經過黨委討論，以確保方向上不出問題。其二，黨委不能代替其他組織工作，它的領導作用主要體現為政治、思想和組織領導，即通過制定大政方針，提出立法建議，推薦重要幹部，

▲ 二○一四年三月十三日，第十二屆全國人民代表大會第二次會議在人民大會堂舉行，代
表們聽到精彩處紛紛鼓掌。

進行思想宣傳，發揮黨組織和黨員的作用來實現，而非事無鉅細的事務性
領導。所謂「三個黨組」，即在人大、政府、政協中分別建立健全黨組，
作為實現黨委領導核心作用和執政意圖的組織形式。中國共產黨的黨章規
定，在中央和地方國家機關、人民團體、經濟組織、文化組織和其他非黨
組織的領導機關中，可以成立黨組。黨組的任務，主要是負責貫徹執行黨

的路線、方針、政策；討論和決定本單位的重大問題；做好幹部管理工作；團結黨外幹部和群眾，完成黨和國家交給的任務；指導機關和直屬單位黨組織的工作。黨組成員由批準成立黨組的黨的委員會指定，受其領導，對其負責。但黨組不是黨的一級組織，只是黨組織的派出工作機構，不具備發展黨員等黨的組織所具有的的獨立權利。

在這種工作機制下，中國共產黨並不直接向人大、政府、政協等發號施令，而是通過這些機構中的黨組實現領導作用。就人大常委會黨組來說，它一方面要經常向黨委請示匯報，了解黨委對各方面工作的意圖，以便及時將黨的決策變成國家意志；另一方面要將人大常委會準備通過的決議、決定，以及常委會年度工作要點和立法規劃等事前以草案的形式報送黨委審查並原則批準，以確保國家權力機關工作的政治方向不出錯誤。其中，人大會議的召開，人大常委會會議的議程安排，人大及其常委會的立法計劃、準備制定的政治性法律和重大的經濟法律，有關法律起草中遇到的重大問題，法律審議中重大的分歧意見，以及監督和決定重大事項、幹部任免等工作中的重大問題，都要由人大常委會黨組報請上級黨組織決定或者批準後再進入法定程序。鑒於各級政府是由人民代表大會選舉產生的行政執行機關，因此政府中的黨組首先要支持政府貫徹實施人民代表大會的決議，而這些決議與黨的方針、政策根本上是一致的。政協中的黨組除了將人民政協準備通過的決定、準備提交的議案等匯報給黨委，還要關注政協中各民主黨派的情況，將民主黨派的一些重要觀點及時反饋給黨委。同時，它有責任在充分理解黨委各方面工作意圖的基礎上積極與政協中其他成員溝通，努力使黨的意圖得到各界的認可。

二是注重向國家政權機關推薦重要幹部，提升黨的影響力。向政權機

▲ 二〇一三年三月七日，全國政協十二屆一次會議第二次全體會議在北京人民大會堂舉行，圖為會議主席台。

關中輸送本黨菁英，從而在議案提交、法律制定以及政府的決策和實施過程中體現本黨意圖，是很多執政黨控制公共權力的途徑。在中國，推薦同級人大常委會組成人員、人民政府組成人員、人民法院院長、人民檢察院檢察長以及屬於黨委管理的由地方國家機關任命的其他領導幹部，是中國共產黨中央組織和地方組織的一項重要責任。這也是中國共產黨發揮其領導核心作用的途徑之一。

當然，推薦工作會按照嚴格的程序進行。首先，負責推薦工作的組織部門會通過民主推薦或民主評議，廣泛聽取各方面意見，包括聽取民主黨派、群眾團體、無黨派人士的意見，確定被考察人選，組織考察。隨後，黨委常委會或全委會討論確定推薦人選，報上級黨委審批。審批通過後，黨委會向同級政權機關中的黨組、政權機關領導成員中的黨員介紹上級黨委批準的人事安排方案，進一步聽取意見；向民主黨派負責人、無黨派人士中的代表人物通報有關情況，進行民主協商。向人民代表大會主席團提交推薦書，說明推薦理由，介紹所推薦人選的基本情況，回答有關問題。推薦人選最終確定後，國家權力機關會按照相關程序進行選任。

需要指出的是，黨委只有推薦權，沒有決定權和任免權。為了提高推薦人選通過的幾率，中國共產黨在最初確定考察人選時就會制定嚴格的標準，進而從中選出作風正派、廉潔奉公，能勝任所推薦職務並為群眾所信賴的人選。中國共產黨的推薦人選成為人大、政府、政協中的領導成員後，這些黨員領導幹部會在具體的工作中貫徹執行黨的各項方針、政策，從而實現執政黨的領導作用。事實上，這些領導幹部的行為本身，就是黨的領導作用的具體體現。

三是積極發揮國家政權機關中黨員和黨組織的作用，貫徹黨的方針、

▲ 二〇一二年八月一日下午，山東省十一屆人大常委會第三十二次會議在濟南閉會，會議表決通過了有關決定和人事任免案等。

路線、政策。中國共產黨有八千多萬黨員，其中國家政權機關中的黨員占有相當大的比例。按照中國共產黨黨章的規定，黨員必須貫徹執行黨的基本路線和各項方針、政策，執行黨的決定，積極完成黨的任務。同時，黨章規定超過三名黨員就要建立黨的基層組織，所以在各國家政權機關中都有大量中國共產黨的基層組織存在。這些國家政權機關中的基層黨組織和黨員是中國共產黨發揮領導核心作用的關鍵「中介」。例如，當黨委提出某一幹部職位的推薦人選後，該機關內的黨組織會組織所屬黨員做好推薦人選的介紹、宣傳工作，在投票表決的時候，中國共產黨的黨員也會作出和黨一致的選擇，以實現黨的意圖。這種方式在一些西方政黨中也存在。以英國為例，由於政府外的中央黨務組織有權開除議員出黨，並且可以阻止選區黨部指定其為本黨的國會議員候選人，因此除非萬不得已，議員都會服從議會外黨組織的要求和主張。除此之外，在日常的工作生活中，中共黨員還會向周圍的非黨群眾講解中國共產黨的基本理論、路線、方針、政策，提高他們對黨的認可度；同時，將非黨群眾的觀點和看法及時反映給黨組織，使黨能夠掌握機關員工的思想動態，進行適當引導。這些都有利於發揮中國共產黨的領導核心作用。

在中國共產黨堅持黨管幹部原則的同時，憲法規定人民代表大會及其常委會有選舉、任命、罷免國家機關組成人員及其他公職人員的權力。因此，堅持和完善黨組織推薦重要幹部人選的機制，還必須有效支持和保障人大及其常委會行使任免權。基於此，國家政權機關中的黨委必須尊重人大及其常委會的選舉結果，即使黨組織的推薦意圖並沒有得到完全實現，只要程序合法，黨的各級組織就必須模範地遵守。

四是支持國家政權機關履行自己的職責。中國共產黨的領導不是單向

的、強迫的，而是在一種良性互動關係基礎上形成的。一方面，中國共產黨不斷改進自己發揮領導核心作用的方式方法；另一方面，中國共產黨始終支持各政權機關按照法律和相關規定履行自己的職能，為其提供各方面的保障，為實現黨的領導創造良好的條件。

對於人民代表大會，中國共產黨始終支持其行使立法職能，推動人大提高立法質量；同時，自覺接受人大的監督，督促人大不斷健全監督機制、完善監督制度，增強監督的實效性。為人大代表知情知政提供信息，擴大人大代表對常委會活動的參與，為人大代表深入審議各項議案和報告創造條件，保障代表的知情權，提高代表審議議案、報告的水平和效能。

對於各級人民政府，進入改革開放新時期後，中共中央將黨政分開作

▲ 二〇一四年五月六日，浙江桐廬縣舉行「政府開放日」活動，二百名市民代表走進縣政府機關大院參觀交流、參加政民懇談會，縣領導聽取群眾意見建議。

▲ 二〇一四年五月八日，檢察幹警深入河南省社旗縣朱集鎮小梁莊村，在返鄉創業青年梁小棟的農家小院傾聽村民的所思所盼。

為政治體制改革的核心內容來抓，不僅重新劃分黨和政府的職能，使之各司其職；還啟動了數次政府機構改革，督促政府降低行政成本，提高辦事效率。中共十六大以來，中國共產黨重點推進政府深入開展行政管理體制改革，幫助其完成從管理者向服務者的角色轉換。

對於政治協商會議，在決定國家和地方的大政方針以及政治、經濟、文化和社會生活中的重要問題時，各級黨委會主動與同級政協溝通聯絡，聽取其意見建議。中國共產黨始終鼓勵政協全體會議、常委會議、主席會議向黨委和政府提出建議案，鼓勵各專門委員會就重大問題提出建議或有關報告；支持政協委員到基層視察，了解情況，反映社情民意。認真辦理政協的提案和建議案，及時給予正式答覆。

正是這些支持國家政權機關依法履行各自職責的制度和舉措，保證了整個國家機器的良性運轉。在鞏固中國共產黨領導核心地位、確保黨的決議和精神貫徹到各方面工作之中的同時，為建設中國特色社會主義偉大事業提供了廣泛的力量支持和動力源泉。

▌為民執政、靠民執政

中國有句古語：「水能載舟，亦能覆舟。」在中國共產黨看來，廣大的人民群眾是水，而自身是一葉舟，前行的一切動力都來自於人民群眾的支持和推動。因此，從一九四九年中華人民共和國建立起，中國共產黨就有一個清醒的認識：過去依靠人民群眾，取得了中國革命的勝利；今後執政，同樣也只有依靠人民群眾才行；而要得到民眾的支持，就必須把維護廣大人民群眾的根本利益、切實提高其生活水平作為黨執政的根本目標。

進入改革開放新時期後，中國共產黨在不斷改善黨的領導方式的同

▲ 二〇一四年四月三日，中共中央政治局委員、新疆維吾爾自治區黨委書記張春賢來到呼圖壁縣，在二十里店鎮東灘村與村民代表等座談。

時，執政意識日漸增強，為民執政、靠民執政的理念也進一步堅定。一九八○年改革開放剛起步時，鄧小平就告誡全黨：「黨的組織、黨員和黨的幹部，必須同群眾打成一片，絕對不能同群眾相對立。如果哪個黨組織嚴重脫離群眾而不能堅決改正，那就喪失了力量的源泉，就一定要失敗，就會被人民拋棄。」二十世紀九○年代，中國改革進入新階段後，江澤民再次提醒全黨：「我們的改革和建設，只有得到人民群眾的理解、支持和參與，充分發揮人民群眾的積極性和創造性，才能順利推進；黨的領導地位，只有贏得人民群眾的信賴和擁護，才能鞏固和加強。如果失去人民的支持，我們黨就會一事無成，就不能生存。」二○○四年，胡錦濤站在二十一世紀的時代高度，要求全黨「堅持一切為了群眾、一切依靠群眾，堅持權為民所用、情為民所繫、利為民所謀，堅持把實現好、維護好、發展好最廣大人民的根本利益作為我們一切工作的根本出發點和落腳點。」

只有落實到實踐中的思想才能發揮其作用。二○一二年，為了增強執政黨為民執政的意識，中國共產黨第十八次全國代表大會明確提出，要在全黨深入開展以為民、務實、清廉為主要內容的黨的群眾路線教育實踐活動。這次活動從二○一三年下半年開始啟動，計劃用時一年，以縣處級以上領導機關、領導班子和領導幹部為重點，具體切入口為習近平二○一二年底提出的旨在密切黨群關係、優化黨的執政形象的「八項規定」：

第一，改進調查研究，到基層調研要深入了解真實情況，總結經驗、研究問題、解決困難、指導工作，向群眾學習、向實踐學習，多同群眾座談，多同幹部談心，多商量討論，多解剖典型，多到困難和矛盾集中、群眾意見多的地方去，切忌走過場、搞形式主義；要輕車簡從、減少陪同、簡化接待，不張貼懸掛標語橫幅，不安排群眾迎送，不鋪設迎賓地毯，不

▲ 二〇一三年四月十七日，四川華鎣市國稅局的年輕公務員在農田裡幫農戶轉運即將栽插的秧苗，體驗「粒粒皆辛苦」。

擺放花草，不安排宴請。

第二，精簡會議活動，切實改進會風，嚴格控制以中央名義召開的各類全國性會議和舉行的重大活動，不開泛泛部署工作和提要求的會，未經中央批準一律不出席各類剪綵、奠基活動和慶祝會、紀念會、表彰會、博覽會、研討會及各類論壇；提高會議實效，開短會、講短話，力戒空話、套話。

第三，精簡文件簡報，切實改進文風，沒有實質內容、可發可不發的文件、簡報一律不發。

第四，規範出訪活動，從外交工作大局需要出發合理安排出訪活動，嚴格控制出訪隨行人員，嚴格按照規定乘坐交通工具，一般不安排中資機構、華僑華人、留學生代表等到機場迎送。

第五，改進警衛工作，堅持有利於聯繫群眾的原則，減少交通管制，一般情況下不得封路、不清場閉館。

第六，改進新聞報導，中央政治局同志出席會議和活動應根據工作需要、新聞價值、社會效果決定是否報導，進一步壓縮報導的數量、字數、時長。

第七，嚴格文稿發表，除中央統一安排外，個人不公開出版著作、講話單行本，不發賀信、賀電，不題詞、題字。

第八，厲行勤儉節約，嚴格遵守廉潔從政有關規定，嚴格執行住房、車輛配備等有關工作和生活待遇的規定。

二〇一三年以來，中國共產黨從中央到地方、再到基層，都將落實「八項規定」、踐行群眾路線作為重要工作，取得了明顯的效果。來自中國烹飪協會的報告稱，「八項規定」出臺後北京地區的高端酒店生意下降

了 35％。根據國家統計局的數據，受高檔餐飲和名酒消費下降的影響，二〇一三年一至二月份，社會消費品零售總額僅為 37810 億元，同比僅增長 12.3％，比二〇一二年十二月份少增長了二個百分點。中央紀委和地方紀委不定期通報違反「八項規定」的典型問題，為全黨敲響警鐘。僅陝西省紀委就在一個月的時間內抽調機關幹部五十餘人，組成十三個調研組，分赴十二個市（區），採取聽取匯報、座談了解、實地查看、走訪群眾、查閱資料等方式，累計走訪了四十多個市縣部門、六十多個鄉鎮（街道）、一百多個村組（社區）的一千餘名幹部群眾。隨著活動的深入開展，長期影響中國共產黨執政形象的形式主義、官僚主義、享樂主義和奢靡之風明顯改觀，執政為民這一思想共識落實為全黨的實踐行動。

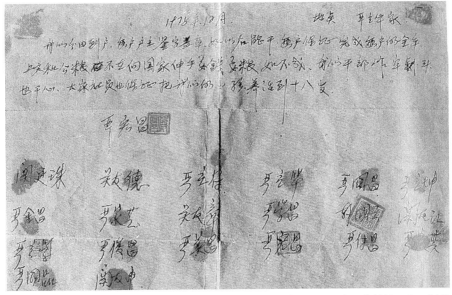

▲ 一九七八年冬，安徽省鳳陽縣小崗村的十八位農民以「敢為天下先」的精神，在一紙分田到戶的「祕密契約」上按下鮮紅的手印，實行了農業「大包幹」。

除了將人民群眾的利益作為一切工作的出發點，糾正所有可能影響黨群關係的不良風氣之外，中國共產黨在執政的過程中十分注重集中民智、發揮群眾作用，特別是尊重群眾的首創精神，為他們的創造性探索保駕護航。因為在中國共產黨的認識中，人民群眾是創造世界、建設國家的真正英雄，只有人民群眾才是改造世界的真正功臣。任何工作離開了人民群眾就無從談起。

事實上，中國的改革開放就是以群眾的自發性探索為開端的。一九七八年十一月二十四日，安徽省鳳陽縣小崗村十八戶農民作出在當時有坐牢危險的大膽決定：「分田單幹，包產到戶」，他們作了最壞的打算：「如果失敗，幹部坐牢殺頭也心甘。」幾乎同一時間，江蘇華西村農民吳仁寶開始了他的「地下改革實踐」。在「以糧為綱」的年代，他冒天下之大不韙，率領村民偷偷搞起了一家小五金廠。一九八〇年，四川廣漢市向陽鎮在全國率先「摘掉」人民公社牌子，並將全部企業劃出來成立了「工業公司」，打破了「政企不分」體制。同年二月，廣西宜山縣合寨村八十五戶農民，以無記名投票方式選舉產生了中國第一個村民委員會。讓這些人想不到的是，他們的種種嘗試都及時得到了從中央到地方領導人的積極肯定和大力支持，並被提升、完善、豐富為國家的基本經濟制度和政策法規，用來指導全國更大範圍的改革創新。

進入二十一世紀後，中國的改革進入深水區。此時的中國共產黨更加清醒地意識到，只有繼續發揮群眾的創造力，充分調動一切積極因素，才能順利地將中國的改革推向新的發展階段。二〇〇八年，胡錦濤在慶祝神舟七號載人航天飛行圓滿成功大會上的講話中鄭重指出，要在全社會倡導敢於創新、勇於競爭、誠信合作、寬容失敗的改革創新之風。二〇一二

▲ 在吳仁寶的帶領下，江蘇省江陰市華西村從一個貧窮落後的小村莊變成了享譽海內外的
「天下第一村」。

年，習近平到廣東視察時也強調，「我們要尊重人民首創精神，在深入調查研究的基礎上提出全面深化改革的頂層設計和總體規劃，尊重實踐、尊重創造，鼓勵大膽探索、勇於開拓，聚合各項相關改革協調推進的正能量。」在這一精神的指導下，中國的各級政府堅持問需於民、問計於民、問政於民，搭建收集民意、總結群眾探索經驗的各種新平臺，通過網絡、手機客戶端等新的形式使領導幹部保持與群眾之間的定期交流，真正實現「靠民執政」。

科學執政、民主執政、依法執政

在堅持「總攬全局、協調各方」的領導原則和「為民執政、靠民執政」的執政理念的同時，二十一世紀新階段以來中國共產黨對於「如何執好政」的認識也隨著執政實踐的推進不斷加深。二〇〇四年九月，中共十六屆四中全會通過了《中共中央關於加強黨的執政能力建設的決定》，提出全黨必須堅持科學執政、民主執政、依法執政，不斷完善黨的領導方式和執政方式。

所謂科學執政，就是要結合中國實際不斷探索和遵循共產黨執政規律、社會主義建設規律、人類社會發展規律，以科學的理論、科學的思想、科學的制度、科學的方式組織和帶領人民共同建設中國特色社會主義。而要實現科學執政，就要科學制定和實施黨的理論和路線方針政策，科學設計、組織、開展各項執政活動。

為了能夠把握執政規律，確立科學的執政理論和執政思想，中國共產黨始終重視總結、借鑑本國和其他國家的執政經驗。早在二十世紀五〇年代，毛澤東就在《論十大關係》中指出，「我們的方針是，一切民族、一切國家的長處都要學。」啟動改革開放後，鄧小平經常告誡全黨，要吸收和借鑑當今世界各國包括資本主義發達國家的一切反映現代化生產規律的先進經營方式、管理方式。為了推動中國特色社會主義事業發展，江澤民一再要求，「必須樹立一個明確認識，不管是哪種社會制度下創造的文明，只要是積極進步的東西，都應積極學習和運用。」進入二十一世紀後，胡錦濤更加明確地表達了這種思想，強調「要善於把中華民族的優秀

▲ 江西萬年縣建立完善了「領導掛點、部門包村、幹部幫扶」等服務群眾有效機制，確保幹部下基層和群眾有幹部聯繫全覆蓋。圖為萬年縣蘇橋鄉兩名幹部在田頭與農民拉起家常，了解農業生產情況。

傳統文化與世界各國的先進文明成果結合起來」。習近平進一步明確，要善於從中國具體實際出發，分析、研究並借鑑資本主義經濟發展經驗和其他國家執政經驗中的有益成分。由此可以看出，中國共產黨正努力開闊眼界和思路，更好地從世界政治經濟發展的大格局中把握加強黨的執政能力建設的規律，形成適合中國國情的執政理論和執政思想。

在確立和發展科學理論、科學思想的基礎上，科學決策是科學執政的關鍵所在。早在一九九二年中共十四大上，江澤民就提出了「加快建立民主的科學的決策體制」的思路，要求「領導機關和領導幹部要認真聽取群眾意見，充分發揮各類專家和研究諮詢機構的作用，迅速建立一套民主的

▲ 二〇一三年十二月二日，環境保護部在北京舉行新建北京至瀋陽鐵路客運專線環境影響評價文件行政許可聽證會。

科學的決策制度」。隨著對科學決策認識的深入，二〇〇二年中共十六大報告對黨內決策機制改革提出了明確要求：「正確決策是各項工作成功的重要前提。要完善深入了解民情、充分反映民意、廣泛集中民智、切實珍惜民力的決策機制，推進決策科學化民主化。各級決策機關都要完善重大決策的規則和程序，建立社情民意反映制度，建立與群眾利益密切相關的重大事項社會公示制度和社會聽證制度，完善專家諮詢制度，實行決策的論證制和責任制，防止決策的隨意性。」

近年來，中國共產黨在健全決策機制上下了很大氣力。一方面，建立了重大決策協商和徵求意見制度，經常召開黨外人士協商會、座談會、情

▲ 二○○三年六月二十六日，浙江省溫嶺市松門鎮黨委政府就校網調整問題舉行鎮第十四次民主懇談會，集思廣益，確定最佳方案。

況通報會等聽取意見和建議，經常徵求各地區、各部門對中央和地方的重要會議議題、重要文件和重大事項的意見。另一方面，中央和地方領導機關普遍建立了會議制度和工作規則，對議事範圍、議事原則、議事程序、議事紀律等作了明確規定；一些地方和部門還對同群眾利益密切相關的事項進行公示和聽證，對領導幹部的決策失誤實行引咎辭職制度。為了保證科學的決策能夠落實到各項執政活動之中，中國共產黨在作出決策之後，會對落實決策的具體程序和相關要求進行規範，同時通過幹部崗位責任制等相關制度確保有人負責、有錢辦事；並且注重對決策落實情況進行全面評估，在評估過程中及時調整方針政策，在結果評估後，嚴格執行獎懲措施。

所謂民主執政，就是發展中國特色社會主義民主政治，推進社會主義民主政治的制度化、規範化、程序化，以民主的制度、民主的形式、民主的手段支持和保證人民當家作主。發展社會主義民主政治，是中國共產黨始終不渝的奮鬥目標。早在革命戰爭年代，以毛澤東為代表的中國共產黨人就在創建人民政權、發展民主政治方面進行了卓有成效的探索，積累了豐富的經驗。中華人民共和國成立後，中國實行了人民民主專政的國體和人民代表大會制度的政體，實行了共產黨領導的多黨合作和政治協商制度以及民族區域自治制度。這些偉大實踐奠定了中國政治建設和政治文明發展的基礎，也成為中國共產黨實現民主執政的重要制度依託。在改革開放三十多年的歷程中特別是進入二十一世紀新階段後，中國共產黨致力於不斷鞏固和發展這三項基本制度，推動中國民主的有序發展。與此同時，隨著中國社會自主空間的日益擴大，中國共產黨還不斷著力擴大基層民主，並注重發揮基層各類組織在維護群眾利益、反映基層群眾訴求、管理基層

事務、擴大群眾參與等方面的積極作用，增強基層各類組織的自治功能，拓寬基層群眾自我管理、自我服務、自我教育、自我監督的渠道，努力實現政府管理和基層民主的有機結合。

以黨內民主帶動人民民主。作為執政黨，中國共產黨主導著整個國家的政治進程；這種領導地位和作用，決定了黨內民主發展對人民民主發展具有直接的主導和推動作用。具體來說，黨員政治參與的意識、程度和素養直接影響人民群眾政治參與的積極性和參與能力；黨內政治生活的制度化、規範化、程序化水平決定整個國家政治生活的相應水平；黨內民主要素的生長與拓展決定和制約著人民民主的發展程度。因此，中國共產黨在執政的過程中，十分注重讓廣大黨員、幹部將在黨內生活中培養起來的民主意識、民主作風、民主習慣帶到各級國家機關和社會生活中去，從而有效地推動社會主義民主的整體發展。

為了踐行民主執政，中國共產黨還不斷擴大幹部人事工作中的民主。一方面，建立健全科學的幹部選拔任用和監督管理機制。二〇〇二年，中共中央頒佈《黨政領導幹部選拔任用工作條例》，對領導幹部選拔任用工作的各個環節作出全面規定。二〇〇四年中共中央辦公廳還頒佈了《公開選拔黨政領導幹部工作暫行規定》《黨政機關競爭上崗工作暫行規定》，對公開選拔和競爭上崗的適用範圍、選拔程序、考試考察方法、紀律和監督等作出明確規定，推進了這項工作的經常化、制度化。另一方面，完善黨委對幹部選拔任用的民主決策機制。在總結經驗的基礎上，二〇〇四年中共中央頒發《黨的地方委員會全體會議對下一級黨委、政府領導班子正職擬任人選和推薦人選表決辦法》，明確規定：市（地、州、盟）、縣（市、區、旗）黨委、政府領導班子正職的擬任人選和推薦人選，一般應

▲ 二〇一一年十一月二日，四川廣安的幾名基層黨代表正投票選舉該市的紀委委員、候補委員。

▲ 二〇一四年三月二十八日，無錫市南禪寺街道組織機關四十五名黨員到無錫市預防職務犯罪警示教育基地參觀。

當由上一級黨委常委會提名並提交全委會無記名投票表決，全委會閉會期間急需任用時，應當徵求全委會成員的意見。此外，二〇〇五年四月全國人大常委會審議並通過的《中華人民共和國公務員法》，也是推進幹部人事工作科學化、民主化、制度化的重大舉措，對於貫徹依法治國方略和推進社會主義民主政治建設具有重大意義。

所謂依法執政，就是堅持依法治國的基本方略，領導人民制定法律，自覺帶頭遵守法律，採取措施保證法律的實施，不斷推進國家經濟、政治、文化、社會生活的法制化、規範化，以法治的理念、法治的體制、法治的程序保證黨領導人民有效治理國家。

「治國無法則亂」，早在中國古代的戰國時期，就有政治家提出這樣的觀點。但從二十世紀五〇年代至八〇年代初，儘管中國共產黨也在領導國家制定法律法規，卻沒有從根本上確立依法治國的理念，主要還是依靠政策來治理國家。如果將政策治理定義為一個不同常用概念的「政治」，那麼，「政治」的效果依賴於政策制定者的能力與執行政策的人的能力。很顯然，「政治」也屬於人治的範疇。政策既有較高的人的主觀隨意性，容易發生變化，也往往不會給出一個條分縷析的規則，彈性較大。「共產黨政策多變」曾經廣為社會詬病。相比較而言，法律更具有剛性。法律一經制定便不能隨意改訂，並且法律規定的條款一般較為詳細。法無明文規定不違法，而對於符不符合政策的判斷往往具有較大的解釋空間。

進入改革開放新時期後，鄧小平在總結「文化大革命」教訓時指出，「現在的問題是法律很不完備，很多法律還沒有制定出來。往往把領導人說的話當作『法』，不贊成領導人說的話就叫做『違法』，領導人說的話改變了，『法』也就跟著改變。」基於此，他在一九八〇年告誡全黨，鞏

固和發展安定團結的政治局面，同各種破壞安定團結的勢力進行有效的鬥
爭，不能採取過去搞政治運動的辦法，而要遵循社會主義法制的原則。此
後，中國共產黨開始著手建立健全國家的法律體系，同時倡導黨員幹部與
社會各階層要「依法辦事」。一九九七年，中共中央提出「健全社會主義
法制，依法治國，建設社會主義法治國家」的思想。「依法治國」成為中
國共產黨治理國家的基本方略。

▲ 二〇一二年十二月二日，四川華鎣雙河街道辦事處司法所在街頭組織憲法知識競賽。

在中國共產黨的理念中，依法治國就是廣大人民群眾在黨的領導下，依照憲法和法律規定，通過各種途徑和形式管理國家事務，管理經濟文化事業，管理社會事務，保證國家各項工作都依法進行，逐步實現社會主義

▲ 浙江淳安縣委組織部重視組工幹部的自身建設。二〇一四年二月七日，新春上班第一天，即組織全體組工幹部學習新修訂的《黨政領導幹部選拔任用工作條例》，並組織了閉卷測試。

民主的制度化、法律化，使這種制度和法律不因領導人的改變而改變，不因領導人看法和注意力的改變而改變。依法執政是落實依法治國方略的核心內容，也就是說中國共產黨不能因其所具有的領導地位而在主導和運作國家政權中超越憲法和法律。因此，中國共產黨在執政的過程中始終注重加強憲法和法律實施，維護社會主義法制的統一、尊嚴、權威，努力形成人們不願違法、不能違法、不敢違法的法治環境，做到有法必依、執法必嚴、違法必究。按照中共中央的要求，各級行政機關作為實施法律法規的重要主體，必須帶頭嚴格執法，維護公共利益、人民權益和社會秩序；各級領導機關和領導幹部也必須不斷提高運用法治思維和法治方式的能力，努力以法治凝聚改革共識、規範發展行為、促進矛盾化解、保障社會和諧。依法執政和依法治國的理念與實踐，為中國共產黨的執政地位提供了合法性基礎，使其得以在國家政權的制度框架內全面行使執政權。

第六章

自身建設

經過九十餘年的奮鬥和發展，中國共產黨已經從過去領導人民為奪取全國政權而奮鬥的黨，成為領導人民掌握全國政權並長期執政的黨；從受到外部封鎖和實行計劃經濟條件下領導國家建設的黨，成為在全面改革開放和社會主義市場經濟條件下領導國家建設的黨；從建黨初期只有幾十個黨員的小黨，成為現在擁有超過八千萬黨員、黨員幹部隊伍狀況發生很大變化的大黨。為了適應世情、國情以及黨情的不斷變化，中國共產黨十分重視自身建設，不斷提高黨的先進性和純潔性。

黨的建設的總體佈局

　　中國共產黨將自身建設視為其領導的偉大事業不斷取得勝利的重要法寶。黨的建設是一項系統而偉大的工程，要想將這一工程推向一個又一個勝利，中國共產黨必須能夠根據不同時期自身歷史方位和中心任務的變化，調整、發展黨的建設的總體佈局，使黨的建設實踐有清晰的理念指導，確保黨在世界形勢深刻變化的歷史進程中始終走在時代前列，在應對國內外各種風險和考驗的歷史進程中始終成為全國人民的主心骨，在發展中國特色社會主義的歷史進程中始終成為堅強的領導核心。

　　早在一九八〇年二月中共十一屆五中全會上，鄧小平就鮮明地提出要研究解決「執政黨應該是一個什麼樣的黨」的問題。一九八三年中共十二屆二中全會上，鄧小平進一步指出，要「把我們黨建設成為有戰鬥力的馬克思主義政黨，成為領導全國人民進行社會主義物質文明和精神文明建設的堅強核心」，為新時期黨的建設提出了明確目標。隨著改革開放的不斷深化，中國共產黨對黨建目標內涵的認識也不斷豐富和充實。一九九四年，中共十四屆四中全會明確提出了黨的建設新的偉大工程的總目標。一九九七年，中共十五大對這個總目標作了更加全面和準確的表述：「要把黨建設成為用鄧小平理論武裝起來、全心全意為人民服務、思想上政治上組織上完全鞏固、能夠經受住各種風險、始終走在時代前列、領導全國人民建設中國特色社會主義的馬克思主義政黨。」

　　進入二十一世紀後，中共中央提出了「三個代表」重要思想，為進一步明確「黨的建設總體佈局」提供了思路。二〇〇一年七月一日，江澤民

▲ 二〇一三年十二月二十四日，雲南省「以案說法·反腐倡廉」大型巡迴展現場，講解員向觀眾講解展出內容。

▲ 二〇〇五年三月十二日，黨員幹部在革命聖地河北西柏坡參加保持共產黨員先進性、實踐「三個代表」重要思想教育活動。圖為黨員們在黨旗上籤名。

在建黨八十週年講話中，首次提出了黨所處的歷史方位及其面臨的兩大歷史性課題，並指出：「我們黨已經從一個領導人民為奪取全國政權而奮鬥的黨，成為一個領導人民掌握著全國政權並長期執政的黨；已經從一個在受到外部封鎖的狀態下領導國家建設的黨，成為在全國改革開放條件下領導國家建設的黨。」對此，中國共產黨必須「進一步解決提高黨的執政能力和領導水平、提高拒腐防變和抵禦風險能力這兩大歷史性課題」。這一

歷史方位和兩大歷史性課題的提出，突出了「執政」這一帶有全局性的根本特點。二〇〇二年中共十六大第一次提出了「加強黨的執政能力建設」這一重大問題，並首次概括出五大執政能力。這實際上已經初步明確了執政在黨的建設總體佈局中的主線地位。二〇〇四年九月中共十六屆四中全會通過了《中共中央關於加強黨的執政能力建設的決定》，總結了五十五年來黨執政的主要經驗，明確概括了黨的執政能力的基本內涵，提出了加強黨的執政能力建設的指導思想、總體目標和主要任務，初步構建了有關黨的執政能力建設的基本框架。

進入二十一世紀新階段後，中共中央以改革創新的精神加強黨的建設，繼續探索黨的建設總體佈局。二〇〇五年十月，胡錦濤在中共十六屆

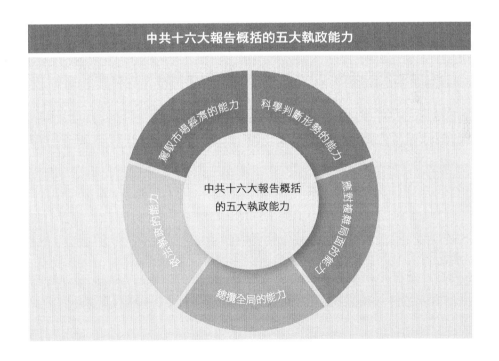

中共十六大報告概括的五大執政能力

駕馭市場經濟的能力

科學判斷形勢的能力

應對複雜局面的能力

中共十六大報告概括的五大執政能力

依法執政的能力

總攬全局的能力

五中全會講話中明確指出：「我們以加強黨的執政能力建設和先進性建設為重點，全面推進黨的思想建設、組織建設、作風建設和制度建設。」次年，胡錦濤在建黨八十五週年講話中總結了全黨進行「保持共產黨員先進性教育活動」的經驗，並將先進性建設上升到關係中國特色社會主義事業興衰成敗、關係黨的生死存亡的新高度。可見，提高黨的執政能力與保持黨的先進性，成為中國共產黨在二十一世紀新階段加強黨的建設的兩個核心目標。與此同時，在保持黨的先進性的實踐探索中，中國共產黨越來越意識到，在新形勢下黨的純潔性是先進性的重要體現，要保持黨的先進性必須重視純潔性建設。二〇一二年初，胡錦濤在十七屆中央紀委七次全會上發表重要講話，突出強調了在新形勢下保持黨的純潔性問題。同年召開的中共十八大進一步明確提出，全面推進黨的建設新的偉大工程，「必須牢牢把握加強黨的執政能力建設、先進性和純潔性建設這條主線」。至此，中國共產黨加強自身建設的主線已經確立下來。

在這條主線的指引之下，中國共產黨將自身建設分為五方面內容，並明確了各自重點，即以堅定理想信念為重點加強思想建設，以造就高素質黨員、幹部隊伍為重點加強組織建設，以保持黨同人民群眾的血肉聯繫為重點加強作風建設，以健全民主集中製為重點加強制度建設，以完善懲治和預防腐敗體系為重點加強反腐倡廉建設。這五位一體的工作佈局涵蓋了中國共產黨自身建設的方方面面，其最終目標，是要把中國共產黨建設成為學習型、服務型、創新型的馬克思主義執政黨，確保其始終成為中國特色社會主義事業的堅強領導核心。

可以看出，經過改革開放以來三十餘年的探索，中國共產黨關於「黨的建設總體佈局」的認識已經比較完善，較為全面地回答了「建設什麼樣

的黨，怎樣建設黨」這一重大問題，為新形勢下黨的建設指明了方向。在具體的落實過程中，中國共產黨本著居安思危、勇於進取的精神，著力從各方面提高黨的建設的科學化水平。

注重理論創新和理論武裝

在中國共產黨看來，要想保持自身的活力、鞏固執政地位，必須進行自我管理。自我管理的第一步就是加強對黨員、特別是領導幹部的教育，讓他們從思想深處認同黨的綱領、路線、方針、政策，培養共產黨員應當具備的各種素養以及為官從政的道德修養，增強法制觀念和黨內紀律意識，特別是樹立共同的政治意願與價值取向。這對於一個政黨來說十分重要，是將一個政黨組織緊密結合在一起的「粘合劑」。而要得到全黨的認同，最關鍵的是黨的理論能夠回答不同時期的實踐提出的新課題，為實踐提供科學指導。因此，中國共產黨從不僵化地固守理論，而是十分注重理論創新，不斷賦予馬克思主義以新的生命力。

新中國成立後，隨著社會主義改造基本完成和全面建設社會主義事業的啟動，以毛澤東為核心的中國共產黨第一代中央領導集體提出，在社會主義革命和建設時期，中國共產黨要進行馬克思主義與中國實際的第二次結合，找到在中國進行社會主義革命和建設的正確道路，並在探索過程中闡述了「四個現代化」等一系列有益的建設主張。中共十一屆三中全會以後，以鄧小平為核心的中國共產黨第二代中央領導集體把中國共產黨和中國的工作中心轉移到經濟建設上，實行改革開放，在領導中國共產黨和中國人民進行社會主義建設的偉大實踐中，創立了鄧小平理論，制定了以經濟建設為中心、堅持四項基本原則、堅持改革開放的基本路線，開闢了建設中國特色社會主義的新道路，比較系統地初步回答了中國這樣經濟文化比較落後的國家如何建設社會主義、如何鞏固和發展社會主義等一系列基

本問題；在國際風雲變幻的關鍵時期，捍衛了社會主義制度，並帶領中國走上了快速發展之路。

進入二十一世紀，世界多極化和經濟全球化趨勢在曲折中發展，科技進步日新月異，綜合國力競爭日趨激烈，各主要國家的政治家們都在從本民族利益出發，思考著本國在新的世紀發展的目標和前途。在這一關鍵時

▲ 二〇〇九年十月一日，在北京舉行的慶祝新中國成立六十週年的慶典現場，群眾遊行隊伍打出了「堅持鄧小平理論」的標語。

刻，以江澤民為核心的中國共產黨第三代中央領導集體提出了「中國共產黨必須始終代表中國先進生產力的發展要求，代表先進文化的前進方向，代表最廣大人民的根本利益」的「三個代表」重要思想，帶領中國共產黨和中國人民捍衛和發展了中國特色社會主義事業，並成功地把它推向二十一世紀。

經過三十多年的實踐，中國的改革步入攻堅階段，發展中的各種矛盾

▲ 二〇〇〇年二月，江澤民在廣東高州領導幹部「三講」教育會議上發表重要講話，首次提出「三個代表」的重要思想。

也日益凸顯，迫切要求中國共產黨進一步回答「什麼是發展、為什麼發展、怎樣發展」這一重大理論和實踐問題。為此，以胡錦濤為總書記的第四代中央領導集體型成後，立即開始探索中國特色的發展理念。二〇〇三年十月在北京召開的中共十六屆三中全會第一次對科學發展觀作出完整表述，提出「堅持以人為本，樹立全面、協調、可持續的發展觀，促進經濟社會和人的全面發展」。在總結實踐經驗的基礎上，二〇〇七年召開的中共十七大對科學發展觀的精神實質和根本要求進行了系統化闡述。二〇一二年，中共十八大報告將科學發展觀同馬克思列寧主義、毛澤東思想、鄧小平理論、「三個代表」重要思想共同列為中國共產黨必須長期堅持的指導思想，實現了中國共產黨指導思想的又一次與時俱進。十八大報告還全面闡述了中國特色社會主義的基本內涵、內在關係，以及中國特色社會主義的總依據、總佈局、總任務，系統豐富了中國特色社會主義理論體系，為中國未來的前進之路指明了方向。

除了黨的領導人積極思考關係中國發展的重要問題外，中國共產黨還善於發揮黨的理論工作者這一群體的作用，使其為黨的理論創新作出自己的貢獻。二〇〇四年中共中央啟動了馬克思主義理論研究和建設工程，組建二十四個主要課題組與基地課題組，確定課題組首席專家和主要成員，成立工程諮詢委員會。研究者們把鄧小平理論、「三個代表」重要思想和科學發展觀作為研究重點，以重大現實問題為主攻方向，著力於五個方面的工作：一是加強對馬克思主義中國化理論創新成果和重大現實問題的研究；二是加強對馬克思主義經典著作的編譯和研究；三是建設具有時代特徵的馬克思主義基礎理論和哲學社會科學學科體系；四是編寫體現當代中國馬克思主義最新理論成果的哲學、政治經濟學、科學社會主義、政治

學、社會學、法學、史學、新聞學和文學等重點學科教材，形成哲學社會科學教材體系；五是建設一支老中青三結合的馬克思主義理論研究和教學骨幹隊伍。工程實施後，召開各類專題研討會一百多次，在中央主要報刊發表理論文章近五千篇，不僅對馬克思、恩格斯、列寧的重點著作譯文進行重新編譯和修訂，編輯出版了十卷本《馬克思恩格斯文集》和五卷本《列寧專題文集》，還在高校中確立了馬克思主義學科體系，極大地推動了馬克思主義理論人才隊伍的建設。

在中國共產黨看來，理論創新成果只有通過理論武裝頭腦才能轉化為廣大黨員幹部的強大精神動力和自覺行動，進而才能用於實踐、指導實踐，推動黨和人民的事業不斷從勝利走向新的勝利。基於此，改革開放以來特別是二十一世紀新階段以來，中國共產黨著力用馬克思主義中國化最新成果武裝廣大黨員幹部頭腦，在全黨興起學習貫徹鄧小平理論和「三個代表」重要思想新高潮、開展保持共產黨員先進性教育活動、開展深入學習實踐科學發展觀活動等。在推動大規模學習活動的同時，中共中央越來越意識到培養全體黨員的自覺學習意識，將理論創新、理論武裝化為全黨的主動性行為尤為重要。這也是中國共產黨提出要建設馬克思主義學習型政黨的初衷和核心要旨。

二〇〇九年九月，中共十七屆四中全會通過的《中共中央關於加強和改進新形勢下黨的建設若干重大問題的決定》告誡全黨：世界在變化，形勢在發展，中國特色社會主義實踐在深入，不斷學習、善於學習，努力掌握和運用一切科學的新思想、新知識、新經驗，是黨始終走在時代前列、引領中國發展進步的決定性因素。必須按照科學理論武裝、具有世界眼光、善於把握規律、富有創新精神的要求，把建設馬克思主義學習型政黨

▲ 南京航空航天大學的學生黨員與南京市白大區的退休老黨員開展學習實踐科學發展觀交流活動。

▲ 二〇一四年五月七日，新疆哈密市東河區青年南路社區首個「家庭黨校」—八一小區家庭黨校成立開課，來自該居民小區十二名的各族黨員參加了「家庭黨校」黨課教育。

作為重大而緊迫的戰略任務抓緊抓好。同年十二月，中共中央辦公廳印發了《關於推進學習型黨組織建設的意見》，系統論述了建設學習型黨組織的重要意義、總體要求、主要原則、主要內容和方式方法等。此後，中國共產黨的各級組織著力在黨內營造和形成重視學習、崇尚學習、堅持學習的濃厚氛圍，逐步確立黨組織全員學習、黨員終身學習的理念，建立健全管用有效的學習制度，使黨員的學習能力不斷提升、知識素養不斷提高、先鋒模範作用充分發揮，不斷增強黨組織的創造力、凝聚力、戰鬥力。

相比傳統學習側重於對知識、信息的吸收，學習型黨組織更加強調思維方式的轉變，凸顯黨員的主體作用，鼓勵他們打破舊有思維，敢於創

新，勇於創新。當然，這主要是為了集中全黨的智慧，更好地解決中國共產黨在探索中國特色社會主義事業過程中所遇到的一些重要問題，如怎樣使全黨堅定對中國特色社會主義的信念，怎樣應對和處理改革發展過程中的各種新情況和新問題，怎樣引領中國社會走在時代發展的前列，怎樣在新形勢下保持中國共產黨自身的先進性，防止其蛻化變質，等等。

建立健全黨內制度體系

制度文明是人類文明的重要組成部分。對於政黨來說，制度是全黨的行動準則和行為規範，是全黨的共同意志和利益的體現。對於執政黨來說，制度、體制和機制的科學與否很大程度上決定著其執政能力的高低。對於中國共產黨這樣一個擁有超過八千萬黨員、三百餘萬個基層組織和眾多中、高層級組織的執政黨而言，沒有一整套以黨章為基礎的黨內制度體系是不可想像的。

然而在新中國成立之後的一段時間裡，中共中央並沒有給予制度建設足夠的重視，更加側重於思想建設、組織建設和作風建設。在結束了長達十年的「文化大革命」之後，以鄧小平為核心的第二代中央領導集體開始意識到制度建黨的重要性。改革開放之初，鄧小平在重視實現黨的思想政治路線轉變的同時，鮮明指出黨內法規建設道路，把黨和國家領導制度改革，包括幹部制度、群眾監督以及紀律檢查放在關鍵地位。他強調黨法是國法的保障，並提出了包括進行黨的領導制度改革、完善黨規黨法、實現黨內生活民主化制度化，以依靠黨的法制來治理黨、建設黨的全新觀念和整體思想，極大地充實和豐富了中國共產黨的黨的建設理論，尤其是在黨內法規制度建設方面的新觀念新思維，對於黨內生活產生重大影響。

二十世紀九〇年代後，中共黨內的制度建設步入快車道，出臺了一系列黨內法規和規範性文件，初步確立了黨內制度體系。但隨著世情、國情、黨情的深刻變化，黨內法規制度中存在的不適應、不協調、不銜接、不一致問題日益突出，特別是有的黨內法規和規範性文件滯後於實踐的發

▲ 二〇一二年十一月九日，中共十八大新聞中心舉行首場記者招待會，中共中央組織部副部長王京清介紹黨的建設工作，並回答記者提問。

▲ 二〇一二年十二月一日，上海出入境檢驗檢疫局與中國浦東幹部學院簽署合作協議並為「機關黨的建設科學化現場教學點」揭牌。

展和形勢任務的需要，有的存在同黨章和黨的理論路線方針政策不一致、同憲法和法律不一致的情況，有的相互之間交叉重複、衝突打架，極大地妨礙了黨內制度體系約束規範作用的有效發揮。進入二十世紀新階段，黨內制度建設日益步入前瞻性、科學化的軌道。預防提前，懲治延伸；力爭主動，有備無患，黨內法規也從立法、執法、守法、護法等各個環節都有所提升。二〇〇九年，中共十七屆四中全會強調要加強黨內制度創新，建立健全以黨章為根本、以民主集中制為核心的制度體系，推進黨的建設科學化、制度化、規範化，發展黨內民主，保障黨的團結統一，增強黨的創造活力。二〇一三年五月中共中央出臺了《中國共產黨黨內法規制定條例》，對黨內法規的制定權限、制定原則、規劃與計劃、起草、審批與發

▲ 二〇一二年七月六日，河南省宜陽縣召伯廉政教育基地展廳內舉行了一場以「文化魅力和廉潔從政」為主題的講座，現場座無虛席。

佈、適用與解釋、備案、清理與評估等作出了明確規定。

目前，中國共產黨已經建立了系統化的黨內法規制度體系。其中，黨章是最根本的黨內法規，是制定其他黨內法規的基礎和依據，主要對黨的性質和宗旨、路線和綱領、指導思想和奮鬥目標、組織原則和組織機構、黨員義務和權利以及黨的紀律等作出根本規定。在黨章下面，黨內法規分為六個層級：準則、條例、規則、規定、辦法和細則。其中，準則是對全黨政治生活、組織生活和全體黨員行為作出基本規定，如《中國共產黨黨員領導幹部廉潔從政若干準則》；條例是對黨的某一領域重要關係或者某一方面重要工作作出全面規定，如《中國共產黨黨員權利保障條例》；規則、規定、辦法、細則是對黨的某一方面重要工作或者事項作出具體規

定，如《關於實行黨政領導幹部問責的暫行規定》《關於中央企業領導人員廉潔自律若干規定的實施辦法（試行）》《中國共產黨紀律檢查機關案件檢查工作條例實施細則》等。

為了進一步規範黨內制度建設，確保黨內制度體系的良性運轉，二〇一二年中共中央部署開展了集中清理黨內法規和規範性文件工作。這在中國共產黨歷史上是第一次，是黨的制度建設的一項基礎工程，對於全面摸清黨內法規制度家底，有效維護黨內法規制度協調統一，加快構建黨內法規制度體系，切實提高黨的建設科學化水平，具有重要而深遠的意義。全部工作分兩個階段進行：第一階段（2012 年 7 月至 2013 年 9 月），清理一九七八年至二〇一二年六月制定的黨內法規和規範性文件；第二階段（2013 年 10 月至 2014 年 12 月），清理新中國成立至一九七八年前制定的黨內法規和規範性文件。在第一階段的清理工作中，中共中央辦公廳會同有關部門對一九七八年至二〇一二年六月期間發佈的七六七件中央黨內法規和規範性文件進行了清理，逐件予以研究、論證、審核，並充分徵求了有關方面的意見。在此基礎上，中央研究決定，對一六二件部分內容同黨章和黨的理論路線方針政策相牴觸、同憲法和法律不一致、明顯不適應現實需要、已被新規定涵蓋或替代的黨內法規和規範性文件，予以廢止；對一三八件調整對像已消失、適用期已過的黨內法規和規範性文件，宣佈失效。其餘四六七件黨內法規和規範性文件繼續有效，其中四十二件需作修改。目前，按照中共中央的要求，黨內已經開始抓緊組織實施第二階段清理工作，對新中國成立至一九七八年前制定的黨內法規和規範性文件進行清理，預計二〇一四年十二月底前全部完成。在開展集中清理工作的同時，建立健全定期清理和即時清理機制，今後一般每五年對黨內法規和規

▲ 二〇一二年一月十二日，河南省社旗縣檢察院的檢察官聚在一起簽訂節前《廉潔從政承諾書》。

範性文件開展一次集中清理；同時，在制定或修改黨內法規和規範性文件時，對與之不協調、不銜接、不一致的相關黨內法規和規範性文件同步進行清理，實現清理工作經常化、制度化、規範化。

制度的生命力在於執行。對此中國共產黨有著清晰的認識，在加強黨內制度建設的過程中，越來越將提高制度的執行力作為重點。首先，注重通過宣傳教育增強全黨的制度意識。採取講黨課、辦專欄、搞展覽、作分析等多種形式，大力加強黨內制度體系的宣傳教育，不斷增強黨員幹部的制度意識，築牢遵紀守法的思想基礎。在黨內樹立「法律面前人人平等、制度面前沒有特權、制度約束沒有例外」的意識，要求領導幹部特別是一把手帶頭學習制度、嚴格執行制度、自覺維護制度。其次，注重抓好制度的規範細化和具體落實工作，切實把黨的各項制度轉化為全體黨員幹部的

▲ 二〇一〇年三月二十三日，長沙市黨員領導幹部廉潔從政警示教育大會上，郴州市原副市長雷淵利用他的例子來警示黨員領導幹部要廉潔從政。

行為準則和處事律條，在黨內真正形成靠制度管人、按規章辦事的好風氣。第三，注重監督檢查，增強執行效果。各級紀檢監察部門負責監督檢查制度的落實情況，對執行制度好的組織和個人，予以表揚和獎勵；對執行制度差的組織和個人，嚴厲處理；同時不斷完善制度執行責任追究制和制度執行考評體系，將制度落實情況列入單位或個人的年度目標考核內容，並把考核結果與幹部選拔任用、評先評優掛起鉤來，做到獎罰分明。

▌不斷改進黨的作風

　　黨的作風是馬克思主義政黨理論的特有概念，指的是黨的性質和世界觀在黨的工作與活動中的表現，是全黨包括黨的各級組織和黨員個人在政治、思想、組織、工作、生活等方面體現黨性原則的一貫的態度和行為。在馬克思主義政黨看來，普通群眾認識一個政黨，最直接、最簡便的途徑就是看它的作風如何。因此，中國共產黨十分重視黨風建設，認為作風問題關乎黨的形象，關乎人心向背，關乎黨的生死存亡。

　　早在成立初期，中國共產黨就確立了無產階級先鋒隊的性質，提出了宣傳群眾、組織群眾、依靠工人、領導工人的作風建設思想。一九四五年中共七大將黨在長期奮鬥中形成的優良作風概括為三大作風，即理論和實踐相結合的作風、和人民群眾緊密聯繫在一起的作風、自我批評的作風。緊接著，毛澤東又在黨的七屆二中全會上告誡全黨，「務必使同志們繼續地保持謙虛、謹慎、不驕、不躁的作風；務必使同志們繼續地保持艱苦奮鬥的作風。」幾十年來，牢記「兩個務必」，已經成為千千萬萬共產黨員始終堅持的「必修課」。

　　改革開放之初，鄧小平深刻地指出，「執政黨的黨風問題是有關黨的生死存亡的問題。」二十世紀九〇年代中期後，中國共產黨的執政憂患意識進一步增強。一九九六年十月，中共十四屆六中全會作出決定，對縣處級以上領導幹部進行一次以講學習、講政治、講正氣為主要內容的黨性黨風教育。一九九八年十一月，中共中央發佈《關於在縣級以上黨政領導班子、領導幹部中深入開展以「講學習、講政治、講正氣」為主要內容的黨

▲ 革命聖地西柏坡紀念館

性黨風教育的意見》，明確了活動的要求、步驟和方法。此後，按照自上
而下的辦法，全國縣級以上黨政領導班子、領導幹部分三批開展了「三
講」教育。一九九九年十二月二十二日起，中共中央政治局常委會按照
「三講」的要求，用五天半的時間認真回顧和總結了十三屆四中全會以來
十年中的工作實踐和基本經驗，帶頭查找工作中的不足，開展批評和自我
批評，為全黨作出了表率。到二〇〇〇年底活動結束時，全黨共有七十萬
領導幹部參加了「三講」教育，五百餘萬黨內外幹部和群眾直接聽動員報
告、參加民主測評和幫助整改。

　　進入二十一世紀後，中國共產黨繼續狠抓黨風建設。二〇〇一年中共
十五屆六中全會專門就黨的作風建設召開會議，並出臺了《關於加強和改

▲ 二〇一〇年九月二十八日，四川省遂寧市船山區永興紀工委在河沙鎮初級中學校舉行了
　一場民主測評會。

進黨的作風建設的決定》，要求黨員幹部特別是領導幹部做到「八個堅持、八個反對」，即堅持解放思想、實事求是，反對因循守舊、不思進取；堅持理論聯繫實際，反對照抄照搬、本本主義；堅持密切聯繫群眾，反對形式主義、官僚主義；堅持民主集中制原則，反對獨斷專行、軟弱渙散；堅持黨的紀律，反對自由主義；堅持清正廉潔，反對以權謀私；堅持艱苦奮鬥，反對享樂主義；堅持任人唯賢，反對用人上的不正之風。二○○三年十月召開的中共十六屆三中全會提出，要加強作風建設，做到為民、務實、清廉。二○○七年胡錦濤在第十六屆中央紀委第七次全體會議的講話中，著重強調全面加強新形勢下的領導幹部作風建設，弘揚新風正氣，抵制歪風邪氣。為了實現這一目標，在工作中要大力倡導八個方面的良好風氣，這就是：要勤奮好學、學以致用；要心繫群眾、服務人民；要真抓實幹、務求實效；要艱苦奮鬥、勤儉節約；要顧全大局、令行禁止；要發揚民主、團結共事；要秉公用權、廉潔從政；要生活正派、情趣健康。隨著認識的不斷深入，中國共產黨的作風建設進入到一個新的發展階段。二○○七年，全黨開展了「樹新形象、創新業績」主題實踐活動；二○○八年九月，全黨正式啟動深入學習實踐科學發展觀活動，使三百七十多萬個黨組織得到錘煉鍛造，七千五百多萬名黨員經受精神洗禮；二○○九年，全黨開展了「三服務一滿意」活動；二○一○年，創建先進基層黨組織、爭做優秀共產黨員活動在全國範圍開展。經過一系列實踐活動，黨員幹部的作風得到了錘煉，黨群關係進一步密切，黨的公信力明顯提高。

在中國共產黨的認識中，作風問題的根源在思想層面，是世界觀、人生觀、價值觀偏離了正確的軌道。因此，中共十八大後，新一代中央領導集體在指導開展黨的群眾路線教育實踐活動時，要求各單位從「三觀」層

面深刻檢查剖析問題根源，徹底糾正形式主義、官僚主義、享樂主義和奢靡之風，杜絕理想信念動搖、宗旨意識淡薄、精神懈怠，貪圖名利、弄虛作假、不務實效；脫離群眾、脫離實際、不負責任，鋪張浪費、奢靡享樂甚至以權謀私、腐化墮落等損害黨在人民群眾中形象的情況。

經過幾十年的探索，中國共產黨越來越重視通過日常性制度加強黨的作風建設，越來越重視對於制度落實情況的有效監督。在近期開展黨的群眾路線教育實踐活動中，新一代中央領導集體不僅強調要發揮好民主生活會這一中國共產黨長期堅持的優良制度，而且豐富了這一制度的內容。二〇一三年八月中央紀委、中央組織部、中央黨的群眾路線教育實踐活動領導小組印發的《關於在黨的群眾路線教育實踐活動中開好專題民主生活會的通知》明確提出：中央政治局常委要全程參加聯繫點省區黨委領導班子專題民主生活會。這在以往的整風活動中是從未有過的。同年九月二十三日至二十五日，中共中央總書記習近平用四個半天參加了河北省委常委班子黨的群眾路線教育實踐活動專題民主生活會。在此前後，中共中央政治局常委其他同志分別前往各自聯繫點參加黨委領導班子專題民主生活會，李克強到廣西壯族自治區，張德江到江蘇省，俞正聲到甘肅省，劉雲山到浙江省，王岐山到黑龍江省，張高麗到四川省。在各省的民主生活會上，省區黨委書記代表班子作對照檢查，每名班子成員作個人對照檢查，班子成員互相開展了批評，深刻剖析原因，並提出整改措施和努力方向。常委們仔細傾聽，認真記錄要點，對發言進行點評，結合省區黨委領導班子工作實際深入指導。除此之外，中共中央還派了四十五個由省部級官員擔任負責人的中央督導組到各個教育實踐活動單位督促檢查、具體指導活動的開展以及作風建設各項制度的執行。

▲ 二〇一四年四月二日，在河南省蘭考縣焦裕祿同志紀念館，來自全國各地的黨員幹部在焦裕祿烈士墓前祭掃。焦裕祿（1922-1964）被譽為「黨的好幹部」「人民的好公僕」。

從近年來的理論發展和實踐探索可以看出，中國共產黨越來越重視作風建設，把它視為在新的歷史條件下應對執政考驗、化解執政風險的重要保證。而中國共產黨的作風建設本身也在不斷豐富發展之中，並日益步入制度化、日常化的軌道。這對於執政黨凝聚人心、協調各方關係、維護社會的和諧與穩定具有十分重要的意義。

嚴厲打擊腐敗

腐敗是一種社會歷史現象，是一個世界性的痼疾，也是社會公眾十分關注的問題。作為中國唯一的執政黨，中國共產黨始終重視打擊黨內的腐敗行為，將其視為自身建設的重要內容。

一方面，不斷建立健全約束權力運行的體制機制，希望從源頭遏制腐敗現象。新中國成立之初，中國共產黨就成立了紀律檢查機關，及時開展了「三反」「五反」運動，堅決清除貪污腐敗現象，嚴厲懲處劉青山、張子善等一批腐化墮落分子，嚴肅了黨紀國法。進入改革開放新時期後，中

▲ 二〇一四年四月二十九日下午，安徽省黃山市黨員幹部在黃山市反腐倡廉預防職務犯罪警示教育基地接受廉政教育。

國共產黨進一步加強了打擊腐敗的力度，同時注重用制度從源頭上遏制腐敗的產生。一九八四年至一九八八年，中共中央、國務院分別發佈了《關於嚴禁黨政機關和黨政幹部經商、辦企業的決定》《關於進一步制止黨政機關和黨政幹部經商、辦企業的規定》等。一九九七年，中共中央發佈了《中國共產黨黨員領導幹部廉潔從政若干準則（試行）》，這是一部比較完整、系統的廉潔從政行為規範。二○一○年二月，試行了近十三年的《廉政準則（試行）》「轉正」。《中國共產黨黨員領導幹部廉潔從政若干準則》在「禁止利用職權和職務上的影響謀取不正當利益」「禁止私自從事營利性活動」「禁止違反公共財物管理和使用的規定，假公濟私、化公為私」「禁止違反規定選拔任用幹部」「禁止利用職權和職務上的影響為親屬及身邊工作人員謀取利益」「禁止講排場、比闊氣、揮霍公款、鋪張浪費」「禁止違反規定干預和插手市場經濟活動，謀取私利」「禁止脫離實際，弄虛作假，損害群眾利益和黨群幹群關係」八個方面對黨員領導幹部提出了五十二個「不準」，規範了黨員領導幹部的廉潔從政行為，並充實完善了相應的實施與監督制度。

另一方面，嚴厲懲處黨內違紀行為。在中國共產黨內，違紀行為主要分為十種。第一，違反政治紀律的行為，如組織、參加反對黨的集會、遊行、示威等活動，拒不執行黨的方針政策、工作部署，參加國（境）外情報組織或向其提供情報等。第二，違反組織、人事紀律的行為，如違反黨章和黨內法規的規定，違反民主集中制原則，拒不執行組織的各種決定等。第三，違反廉潔自律規定的行為，如利用職務上的便利，非法占有非本人經營的國家、集體和個人財務，為他人謀取利益，浪費公共財產等。第四，貪污賄賂行為，如利用職務便利侵吞、竊取、騙取公共財物，索取

▲ 二〇一三年十一月二十六日，中共中央紀委舉辦開放日活動，由中聯部邀請來自歐盟國家的十七名資深媒體人士到中央紀委機關考察，實地走訪黨的紀律檢查機關，了解十八大以來黨風廉政建設和反腐敗工作情況及十八屆三中全會對黨風廉政建設和反腐敗鬥爭的新部署。

他人財務，挪用公款為個人所用等。第五，破壞社會主義經濟秩序的行為，如走私、從事非法經營活動、違法經商辦企業等。第六，違反財經紀律的行為，如隱瞞、截留國家財政收入，以個人名義存儲公款，違反規定造成國有資產流失等。第七，失職、瀆職行為，如在工作中濫用職權、玩忽職守，丟失祕密文件、洩露國家機密等。第八，侵犯黨員權利和公民權利的行為，如對黨員和公民的批評、檢舉、控告進行阻撓、壓制，誣告陷害他人，侵犯黨員或公民的選舉權、被選舉權等。第九，嚴重違反社會主義道德的行為，如弄虛作假、騙取榮譽，拒不承擔撫養教育義務或贍養義務，遇到國家財產和人民群眾生命財產受到嚴重威脅時能救不救等。第

十，妨害社會管理秩序的行為，如嫖娼、賣淫、吸食毒品、以營利為目的聚眾賭博等。

對於有上述違紀行為的黨員按照情節輕重，會予以五種不同處分，即警告、嚴重警告、撤銷黨內職務、留黨察看、開除黨籍。警告與嚴重警告是中共黨內對於情節較輕的違紀行為作出的處理，黨員受到警告或者嚴重警告處分，一年內不得在黨內提升職務。撤銷黨內職務是指撤銷受處分黨員由黨內選舉或者組織任命的黨內各種職務，且兩年之內不得在黨內擔任與原職務相當或高於原職務的職務。留黨察看分為一年或兩年，察看期間沒有表決權、選舉權和被選舉權，確有悔改表現的察看期滿後可以恢復黨員權利，堅持不改的開除出黨。開除黨籍是黨內最嚴厲的處分，受到該處分的黨員五年之內不得重新入黨。對於嚴重違反黨內紀律的領導機構，予以改組；對於全體黨員或者多數黨員嚴重違反黨內紀律的組織，予以解散。在中國共產黨內，所有黨員和組織都必須遵守黨的紀律，沒有特殊的黨員個人或組織。黨章和黨內其他法規是實施黨紀處分的依據，具體處分決定的作出必須經過組織集體討論，個人或少數人無權決定。

嚴肅處罰違紀行為，是中國共產黨進行自我管理的重要內容，也是中國共產黨在市場經濟條件下反對腐敗、防止自身腐化變質的有效手段。根據二〇一三年發佈的數據，二〇一二年各級紀檢監察機關共接受信訪舉報1306822 件（次），其中檢舉控告類 866957 件次，初步核實違法違紀線索171436 件，立案 155144 件，結案 153704 件，一共處分了 160718 人。其中給予黨紀處分 134464 人，給予政紀處分 38487 人。通過查辦案件，為國家挽回經濟損失 78.3 億元。其中，對於原中央政治局委員、重慶市委書記薄熙來違紀行為的處理，引起了國內外的廣泛關注，彰顯了中共中央

▲ 二〇一三年十月二十五日，山東省高級人民法院公開宣判上訴人薄熙來受賄、貪污、濫用職權一案。圖為開庭前大批記者雲集山東省高院門前。

懲治腐敗的決心。中共十八大之後，中共中央繼續正風肅紀、懲治貪腐。因腐敗問題，查處的省部級以上官員就包括：原四川省委副書記李春城，原廣東省委常委、統戰部部長周鎮宏，原國家發展和改革委員會黨組成員、副主任劉鐵男，原安徽省人民政府副省長、黨組成員倪發科，原四川省委常委、副省長郭永祥，原內蒙古自治區統戰部部長王素毅，原廣西壯族自治區政協副主席、總工會主席李達球，原國資委主任蔣潔敏等。

在反腐敗的實踐中，中國共產黨逐步認識到要遏制腐敗、解決腐敗問題，光靠剎風整紀、光靠治標是不夠的，必須對反腐倡廉工作進行整體部署、系統規劃、統籌推進。改革開放以來的三十多年中，中國共產黨的反

腐敗鬥爭也由一開始的「側重遏制」到「標本兼治、綜合治理」，再到「標本兼治、綜合治理、逐步加大治本力度」，直至提出「標本兼治、綜合治理、懲防並舉、注重預防」的戰略方針。進入二十一世紀後，這一戰略方針進一步完善。二〇〇五年一月，中共中央頒佈《建立健全教育、制度、監督並重的懲治和預防腐敗體系實施綱要》，明確提出建立健全懲治和預防腐敗體系的目標，即經過一段時間的紮實工作，「拒腐防變教育長效機制初步建立，反腐倡廉法規制度比較健全，權力運行監控機制基本形成，從源頭上防治腐敗的體制改革繼續深化，黨風政風明顯改進，腐敗現象進一步得到遏制，人民群眾的滿意度有新的提高」。為了加強對腐敗的預防，協調各部門預防腐敗的相關工作，形成預防腐敗的整體合力，二〇〇七年在中共中央的推動下，國家預防腐敗局成立。二〇〇八年五月，中央又頒佈《建立健全懲治和預防腐敗體系 2008-2012 年工作規劃》，從教育、制度、監督、改革、糾風和懲治等方面，對以完善懲治和預防腐敗體系為重點的反腐倡廉建設進行總體佈局。中共十八大之後，中共中央進一步明確了制度反腐的思路。二〇一三年一月，習近平在中紀委第二次全體會議上講話時指出，要加強對權力運行的制約和監督，把權力關進制度的籠子裡，形成不敢腐的懲戒機制、不能腐的防範機制、不易腐的保障機制。

在反腐敗思路不斷科學化的同時，中國共產黨不斷拓寬反腐敗的渠道。中共中央紀律檢查委員會開通了舉報網站，受理民眾對中共黨員、黨組織和行政監察對象違反黨紀政紀行為的檢舉控告，以及對黨風廉政建設和反腐敗工作的意見建議。中共中央組織部也開通了「12380」舉報網站，受理反映縣處級以上領導班子和領導幹部違反《黨政領導幹部選拔任

用工作條例》及有關法規選人用人問題的舉報。這實際上是網絡信息化時代中國共產黨拓寬群眾參與反腐倡廉工作的渠道的重要舉措，加強了反腐倡廉網絡信息的收集、研判和處置，推動了反腐敗鬥爭的發展。

近年來，中國共產黨將反腐倡廉建設貫穿於社會主義經濟建設、政治建設、文化建設、社會建設各個領域，貫徹在黨的自身建設的各個方面，通過黨風廉政建設和反腐敗工作的新成效取信於民，不斷優化自己的執政黨形象，提升人民群眾對於執政黨的支持度。未來，隨著中國共產黨反腐敗工作的有效進展，其執政基礎將進一步鞏固。

▲ 二○一四年三月九日，出席十二屆全國人大二次會議的中共中央紀委副書記、監察部部長、國家預防腐敗局局長黃樹賢在人民大會堂北大廳接受記者採訪時表示，反腐敗工作將繼續加大力度，保持高壓態勢。

新社會主義研究叢刊 AA201007

中國共產黨與當代中國

作　　者	楊德山、趙淑梅
責任編輯	陳胤慧
版權策畫	李煥芹
發 行 人	陳滿銘
總 經 理	梁錦興
總 編 輯	陳滿銘
副總編輯	張晏瑞
編 輯 所	萬卷樓圖書股份有限公司
排　　版	菩薩蠻數位文化有限公司
印　　刷	維中科技有限公司
封面設計	菩薩蠻數位文化有限公司

出　　版　昌明文化有限公司

桃園市龜山區中原街 32 號

電話　(02)23216565

發　　行　萬卷樓圖書股份有限公司

臺北市羅斯福路二段 41 號 6 樓之 3

電話　(02)23216565

傳真　(02)23218698

電郵　SERVICE@WANJUAN.COM.TW

大陸經銷

廈門外圖臺灣書店有限公司

　　電郵　JKB188@188.COM

ISBN 978-986-496-471-0

2019 年 3 月初版

定價：新臺幣 300 元

如何購買本書：

1. 轉帳購書，請透過以下帳戶

　　合作金庫銀行　古亭分行

　　戶名：萬卷樓圖書股份有限公司

　　帳號：0877717092596

2. 網路購書，請透過萬卷樓網站

　　網址　WWW.WANJUAN.COM.TW

大量購書，請直接聯繫我們，將有專人為您

服務。客服：(02)23216565 分機 610

如有缺頁、破損或裝訂錯誤，請寄回更換

版權所有·翻印必究

Copyright©2019 by WanJuanLou Books CO., Ltd.

All Right Reserved　　　　**Printed in Taiwan**

國家圖書館出版品預行編目資料

中國共產黨與當代中國 / 楊德山, 趙淑梅著.
-- 初版. -- 桃園市：昌明文化出版；臺北
市：萬卷樓發行, 2019.03
　　面；　公分
ISBN 978-986-496-471-0(平裝)

1.中國共產黨

576.25　　　　　　　　　　　108003205

本著作物由五洲傳播出版社授權大龍樹（廈門）文化傳媒有限公司和萬卷樓圖書股份
有限公司（臺灣）共同出版、發行中文繁體字版版權。